글쓴이 예영

글 쓰는 일만큼 동물을 좋아하고, 동물의 권리에 관심이 많습니다. 천방지축 강아지 녀석과 매일 옥신각신하며 좋은 글을 쓰려고 노력하고 있습니다.
지은 책으로 《반려동물, 무엇이든 물어봐!》《귀신 쫓는 삽사리 장군이》《닭답게 살 권리 소송 사건》《우리 학교가 사라진대요!》《존리의 금융 모험생 클럽》 등이 있습니다.

그린이 홍미애

누구나 함께 볼 수 있는 따뜻하고 포근한 그림을 그리려 합니다.
그린 책으로 《반려동물, 무엇이든 물어봐!》《고양이는 언제나 봄 : 컬러링북》《하루 하나 만들기 : 공룡》《까꿍! 숨바꼭질》 등이 있습니다. 앞으로도 딸아이와 함께 볼 수 있는 편안한 그림들이 담긴 책을 많이 만들고 싶습니다.

감수 이용철

서울의 고등학교에서 생물을 가르치고 있습니다.
매달 한 번씩 DMZ의 생물을 모니터링하고 있으며, 중학교 《과학》, 고등학교 《생명과학 1》 교과서의 저자입니다. 번역한 책으로 《이기적인 유전자》《눈먼 시계공》 등이 있습니다.

DMZ 멸종위기 야생생물 무엇이든 물어봐!

초판 1쇄 발행 2021년 6월 5일 \ **초판 2쇄 발행** 2022년 7월 10일
글쓴이 예영 \ **그린이** 홍미애 \ **감수자** 이용철
펴낸이 이영선
책임편집 김문정
편집 이일규 김선정 김문정 김종훈 이민재 김영아 이현정 차소영 \ **디자인** 김회량 위수연
독자본부 김일신 정혜영 김연수 김민수 박정래 손미경 김동욱
펴낸곳 파란자전거 \ **출판등록** 1999년 9월 17일(제406-2005-000048호)
주소 경기도 파주시 광인사길 217(파주출판도시) \ **전화** (031)955-7470 \ **팩스** (031)955-7469
홈페이지 www.paja.co.kr \ **이메일** booksea21@hanmail.net

ⓒ 예영·홍미애, 2021
ISBN 979-11-88609-76-5 74400
    979-11-88609-58-1 (세트)

파란자전거는 도서출판 서해문집의 어린이 책 브랜드입니다. 페달을 밟아야 똑바로 나아가는 자전거처럼 파란자전거는 어린이와 청소년이 혼자 힘으로도 바르게 설 수 있도록 도와줍니다.

어린이제품안전특별법에 의한 제품 표시
제조자명 파란자전거 \ **제조년월** 2022년 7월 \ **제조국** 대한민국 \ **사용연령** 만 7세 이상 어린이 제품

★ 컬러링 지식백과 ★

DMZ 멸종위기 야생생물
무엇이든 물어봐!

예영 글 | 홍미애 그림 | 이용철 감수

파란자전거

차례

알고 갑시다
자연 생태계의 보고 비무장지대(DMZ) • 6

암벽 타기 선수 **산양** • 9

특별한 향주머니를 가진 **사향노루** • 13

민물 생태계의 일인자 **수달** • 17

황금박쥐로 불리는 **붉은박쥐** • 21

천적이 없는 작은 맹수 **삵** • 25

하늘을 나는 포유류 **하늘다람쥐** • 29

장수를 상징하는 **두루미** • 35

검은 마스크를 쓴 **저어새** • 39

묵은 둥지 고쳐 쓰는 **참수리** • 43

울음소리가 특이한 **똠부기** • 47

헤엄을 못 치는 **맹꽁이** • 51

한국의 대표 민물거북 **남생이** · 55

흰 수염이 네 쌍이나 난 **흰수마자** · 61

자식 사랑이 끔찍한 **가시고기** · 65

전혀 무섭지 않은 **돌상어** · 69

물속 토종 생태계 지킴이 **물장군** · 75

소똥으로 경단을 빚는 **애기뿔소똥구리** · 79

너무나도 아름다운 **독미나리** · 85

사람 몸에 좋아서 슬픈 **가시오갈피나무** · 89

뜨거워지면 가장 먼저 사라질 **가는동자꽃** · 95

우리는 친구 야생생물과 함께 살기

1. 그 많던 야생생물은 왜 사라졌을까요? · 34
2. 세계자연보전연맹의 적색목록이란 무엇일까요? · 60
3. 멸종위기종 복원 사업이 왜 필요할까요? · 74
4. 야외에서 우연히 야생동물을 발견했다면? · 94
5. 야생생물을 직접 만나 볼 수 있는 곳이 있을까요? · 99

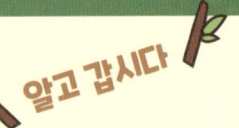

자연 생태계의 보고 비무장지대

'비무장지대'는 1953년 한국전쟁이 중단되면서 생긴 곳이에요. 전쟁이 평화적으로 해결될 때까지 남한과 북한의 무력 충돌을 막기 위해 휴전선을 사이에 두고 설정된 구역이지요. 그리고 그 주변으로 민통선(민간인 출입 통제선)을 두어 일반인이 함부로 출입할 수 없도록 통제하고 있어요.
한국전쟁이 중단된 지도 반세기가 훌쩍 넘었어요. 그동안 비무장지대는 사람들의 발길이 닿지 않아 문명의 시계가 멈춰 버렸어요. 대신 자연은 마음껏 자유를 누리며 그들만의 시간을 보냈지요. 그 결과 비무장지대와 그 주변 지역은 인간에게 훼손되지 않은 생태 지역으로 재탄생했습니다. 습지, 산림, 초지 등의 다양한 생태계가 잘 보존되어 다양한 생물종이 서식하는 '생태계의 보고'가 되었어요.
비무장지대에는 특히 습지 생태계가 잘 발달되어 있어요. 비무장지대가 되기 전에 이 지역에 살던 사람들이 농사를 짓던 논과 밭이 시간이 흐르며 자연 습지로 변했지요. 이 습지에는 다양한 식물이 자라서 풀을 먹고 사는 작은 동물들이 뛰어놀았어요. 또 습지에 먹이가 풍부해서 양서류, 파충류, 어류, 야생 조류에게 살기 적당한 터전이 되어 주었

DMZ

지요.

나무가 빽빽하게 우거진 숲은 새의 천국이 되었어요. 늘 제자리를 지키며 사는 텃새뿐만 아니라 여름 철새와 겨울 철새가 계절이 바뀔 때마다 오고 가니 흡사 새의 박물관처럼 느껴질 정도랍니다. 세계적으로 멸종위기에 놓인 두루미가 매년 겨울에 찾아오는 곳이기도 하지요.

이렇게 비무장지대는 다양한 동식물의 건강한 먹이 사슬이 존재하는 곳이랍니다.

그럼 비무장지대에는 얼마나 많은 종의 동식물이 살고 있을까요? 2014년부터 2017년까지 국립생태원이 조사한 바에 따르면 5,929종의 야생생물이 서식한다고 해요. 그중에는 사향노루, 수달, 검독수리, 수원청개구리 같은 멸종위기종이 101종이나 포함되어 있어요. 분단의 아픔으로 만들어진 공간이 귀한 생명을 품고 있는 거예요.

최근 문화재청에서는 북한 측과 협력해서 비무장지대 세계유산 남북 공동등재를 추진한다고 합니다. 오랜 기간 비무장지대를 지켜 온 귀한 생명이 평화의 기운을 불어넣어 주면 좋겠어요.

색연필 아이콘을 찾아 예쁘게 색칠해 봐요.

멸종위기
야생생물
I

암벽 타기 선수
산양

내가 염소와 닮았다고?
그건 날 잘 몰라서
하는 소리야.

난 산양이야. 염소는 턱수염이 있고, 털색이 검든 희든 한 가지야. 하지만 난 턱수염이 없고, 털색은 회갈색과 연한 흑갈색 등이 부분 부분 섞여 있어. 목에 흰색의 커다란 반점도 있고.

염소는 수컷만 뿔이 있지만, 산양은 암수 모두 원통형의 뿔이 나 있어. 몸집도 산양이 염소보다 크단다. 이제 나와 염소를 확실히 구분할 수 있겠지?

난 경사가 급한 절벽이나 바위가 많은 산악 지대에서 풀을 먹고 사는 초식 동물이야. 내가 암벽을 잘 오르내리며 평지처럼 뛰어다니는 모습을 보고 사람들이 '암벽 타기 선수'라고 부르더라고. 아슬아슬한 낭떠러지에서 여유롭게 풀이나 이끼를 뜯어 먹는 나를 보고는 어찌나 기절할 듯 놀라던지. 후후.

대체 비결이 뭐냐고? 첫 번째 비결은 앞다리보다 뒷다리가 길어서 높은 곳을 뛰어오르기가 쉽다는 거야. 두 번째는 특이한 모양의 발굽이야. 발굽이 두 갈래로 갈라져 있어서 절벽을 오를 때 균형을 잘 잡게 해 줘. 또 발바닥의 가장자리가 고무처럼 탄력이 있어서 바위에 착 달라붙어 미끄러지지 않지. 그래서 나를 노리는 적이 나타나면 쫓아오지 못하도록 무조건 높은 바위나 절벽으로 도망친단다.

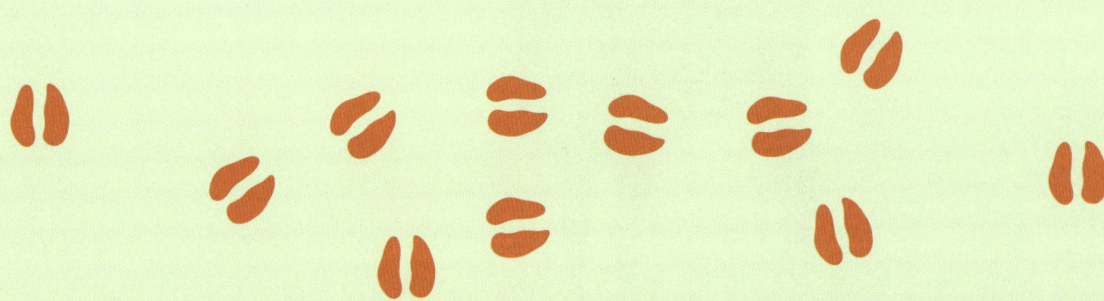

싼 데 또 싸고 또 싼다고?

산양은 험준한 산악 지대에 사는 데다가 조심성이 많아서 사람들 눈에 잘 띄지 않아요. 그래도 서식지를 찾을 수 있는 아주 좋은 방법이 있어요. 바로 산양의 똥 자리를 찾는 거예요. 산양의 똥은 콩알처럼 생겼는데, 하루에 평균 220여 개를 눈다고 해요. 그런데 이 똥을 누는 자리가 한결같다지 뭐예요? 여기저기 돌아다니며 아무 데나 싸는 게 아니라 한 번 싼 장소에서 계속 싸요. 주로 바위 밑에 똥 자리를 마련하는데, 여기에는 헌 똥과 새 똥이 한데 섞여 있지요. 그러니 이 똥 자리만 찾으면 산양의 서식지를 파악하는 건 시간문제랍니다.

산양을 도와줘!

산양은 혼자 다니기도 하고, 4~12마리씩 무리를 지어 다니기도 해요. 번식기인 11월에 암수가 짝짓기해서 7개월 정도의 임신 기간을 거쳐 새끼를 낳습니다. 대개 한 마리를 낳고, 드물게 두 마리를 낳기도 해요. 산양의 낮은 번식률이 멸종위기를 앞당긴다고도 하지요.

현재 산양의 개체 수는 급격히 줄어들어 멸종위기에 놓여 있어요. 이를 막기 위해 월악산, 설악산, 오대산, 치악산에서 산양 복원 프로젝트가 이루어지고 있지요. 이 프로젝트가 꼭 성공해서 가파른 산을 날쌔게 오르내리는 산양을 자주 볼 수 있으면 좋겠어요.

멸종위기
야생생물
I

특별한 향주머니를 가진
사향노루

머스크향이라고 들어 봤니? 그 포근한 향의 원료를 가진 게 바로 나야!

얼굴에 바르는 화장품이나 샴푸, 바디 워시, 향수 등에 널리 쓰이는 향이 바로 머스크향이야. 아주 부드럽고 포근한 느낌이 들어서 사람들이 좋아하는 향이지. 이 향의 원료가 동물의 분비물이라는 거 아니?

그 분비물을 내뿜는 주인공이 바로 나, 사향노루란다.

사람들은 내가 고라니를 많이 닮았다고 해. 그러나 나는 고라니보다 몸집이 작고, 다리와 발굽도 작아. 꼬리는 너무 짧아서 아예 보이질 않고, 털색도 고라니에 비해 어두운 갈색이지.

우리 사향노루는 암컷, 수컷 모두 뿔이 없어. 그럼 암수 구분을 어떻게 하냐고? 수컷의 이빨을 보면 돼. 기다란 위쪽 송곳니가 입 밖으로 삐죽 튀어나와 있거든. 또 수컷의 배꼽과 생식기 사이에는 암컷에게는 없는 사향 주머니가 달려 있어. 이 주머니에서 향수의 원료로 쓰이는 분비물(사향)이 나와. 수컷은 번식기인 11~12월이 되면 사향을 풍기며 암컷을 찾아다닌단다.

하지만 이 사향 때문에 아주 고달파. 사람들이 사향을 향수의 원료로 쓰거나 사람의 호흡 기관과 혈액 순환을 돕기 위한 약재로 쓰려고 마구 잡아서 전 세계적으로 멸종위기에 놓였거든. 한국에서도 1968년에 일찌감치 천연기념물 216호로 지정해서 보호하고 있어. 현재 강원도와 비무장지대에 30여 개체밖에 남아 있지 않다고 해. 우리의 개체 수가 늘어나서 한반도 산천을 마음껏 누비고 다녔으면 좋겠구나.

사향노루의 똥은 부드러워~

사향노루는 자신이 주로 활동하는 영역을 유지하는 특성이 있어요. 여기저기 돌아다니지 않고 늘 다니던 길로 다녀요. 똥도 늘 다니던 길목의 정해 놓은 자리에만 싸지요. 그런 다음 마른 풀잎이나 낙엽으로 쓰윽 덮어 둬요. 사향노루의 똥은 검은색이나 짙은 갈색으로 동글동글한 모양도 있고 약간 길쭉한 모양도 있어요. 표면은 매끈하면서 광택이 나지요. 그리고 아주 부드러워요. 사향노루가 이끼를 많이 먹고 되새김질하기 때문에 똥에 거친 섬유질이 없기 때문이에요. 냄새도 거의 나지 않는답니다.

혼자가 좋아요!

사향노루는 산의 아주 높은 지대에서 살아요. 아무리 험한 바위가 있고 경사가 심한 절벽에서도 가뿐가뿐 달리지요. 눈이 쌓여도 끄떡없어요. 겁이 많고 예민한 성격이라 무리를 지어 모여 살 것 같지만, 혼자 사는 걸 좋아합니다. 암컷과 수컷 한 쌍이 같이 다니기도 하지만 대부분은 혼자 지내요. 번식기인 11~12월에 암컷과 수컷이 만나 짝짓기를 하고 새끼를 낳으면 수컷은 혼자 살고, 암컷은 새끼와 함께 살아요. 새벽이나 저녁에 조용히 나타나 나무 열매나 이끼, 풀 등을 먹는답니다.

멸종위기
야생생물
Ⅰ

민물 생태계의 일인자
수달

귀여운 외모 때문에
순할 것 같지?
천만의 말씀!

사람들은 나, 수달을 보면 소리를 꺅꺅 질러. 동글동글한 머리, 짧아서 털 속에 묻힌 귀, 진주알처럼 작고 동그란 눈, 끝으로 갈수록 가늘어지는 꼬리, 짧은 네다리가 너무 귀엽다나? 하긴 내가 봐도 귀엽긴 해.

나는 봄철에 두세 마리의 새끼를 낳아. 이 녀석들이 물갈퀴 달린 작은 발로 물속에서 헤엄치거나 땅 위를 걷는 모습을 보면 심쿵이 따로 없지.

사람들은 우리 수달이 귀여운 외모 때문에 성격도 아주 순할 거라고 지레짐작해. 하지만 수달은 그리 만만한 성격이 아니야. 영역 다툼을 벌일 때 보면 꽤나 사나워. 또 강이나 호수 생태계에서 가장 강한 종이야. 육지에서 먹이 피라미드의 제일 위에 있는 호랑이 같은 위치라고 할까? 민물 생태계에서 수달이 잡아먹는 생물은 있어도, 수달을 잡아먹는 생물은 없다는 말씀!

나는 완전 육식파야. 가물치, 메기, 미꾸라지 같은 물고기는 물론이고 개구리, 게, 곤충, 뱀도 잡아먹어. 육지에 올라가서는 쥐 같은 포유류도 잡아먹지. 그런데 이런 식성이 생태계를 건강하게 한다지 뭐야? 내가 배스나 블루길처럼 생태계를 어지럽히는 외래 어종을 잡아먹어서 한국의 고유 어종을 보호한다는 거야. 난 그저 배고파서 먹었을 뿐인데 말이야. 흐흐.

지금 나는 세계적으로도 멸종위기에 처해 있어. 모피를 얻기 위한 사냥, 강물 오염으로 먹잇감 부족, 도로를 건너다가 차에 치여 죽는 로드 킬 등으로 개체 수가 급격하게 줄고 있어. 물속에 쳐 놓은 그물에 걸리는 것도 우리에겐 크나큰 공포지. 내 귀여운 모습을 계속 보고 싶다면 너희의 노력이 꼭 필요해.

방수, 보온 효과가 뛰어난 수달의 털

전 세계적으로 수달의 개체 수가 줄어든 가장 큰 이유는 바로 털 때문이에요. 수달의 털은 이중 구조예요. 기다란 겉 털과 이보다 짧고 가느다란 속 털로 이루어져 있어서 방수와 보온 효과가 아주 뛰어나지요. 특히 속 털은 피부색이 보이지 않을 정도로 빽빽하게 나 있어서 겨울잠을 자지 않는 수달이 겨울철의 매서운 추위를 견딜 수 있게 해 줍니다. 이렇게 보온 효과가 뛰어난 털을 이용해 사람들의 겨울용 목도리나 모자를 만들어요. 아무리 수달의 털이 따뜻하고 멋스러워도 동물의 털가죽을 벗겨 멸종에 이르게 하는 건 우리 모두 생각해 봐야 할 문제가 아닐까요?

캄캄한 밤에도 물고기 사냥은 거뜬!

수달은 날이 어두워져야 슬슬 움직이기 시작해요. 먹잇감 사냥을 시작하는 거죠. 그런데 캄캄한 밤에 어떻게 사냥을 할까요? 수달은 주로 물고기를 사냥하는데 물속은 더 어둡거든요. 물론 수달만의 방법이 있어요. 달빛이나 별빛을 이용해 물고기를 찾고, 물고기의 비늘이 빛을 받아 반짝일 때 "옳거니!" 하고 잡아요. 참 영리하죠? 또 입 주위에 나 있는 수염으로 물고기가 움직일 때 일으키는 진동을 찾아 잡기도 한답니다.

멸종위기
야생생물
Ⅰ

황금박쥐로 불리는
붉은박쥐

날아다니는 포유류,
들어 봤니?
바로 나 박쥐야!

너희는 '박쥐'라고 하면 어떤 색이 떠오르니? 회색이나 흑색, 짙은 갈색 같은 좀 칙칙한 색이 떠오르지 않니? 밤에 활동하는 내 습성과 썩 잘 어울리는 색이라고? 하지만 날 보면 생각이 바뀔걸.

이름도 '붉은박쥐'인 나는 털색이 아주 선명한 오렌지색이거든. 그래서 '오렌지윗수염박쥐'라고도 불려. 또 오렌지색의 몸이 언뜻 황금빛으로 보이기도 해서 '황금박쥐'라는 별명도 있어.

내가 비막(날아다니는 척추동물의 앞다리와 뒷다리와 몸 쪽에 걸쳐 있는 막.)을 활짝 펴고 나는 모습은 만화 영화 속의 주인공처럼 멋지단다. 하지만 이 모습을 보기가 점점 어려워질 거야. 서식지가 파괴되면서 붉은박쥐의 개체 수가 빠르게 줄고 있거든.

나는 낮에는 우거진 수풀 속의 나뭇가지나 동굴 속에서 쉬고, 밤에는 먹이 사냥을 다녀. 주로 곤충이나 작은 벌레를 사냥해. 날씨가 쌀쌀해지는 가을이 되면 동굴이나 폐광의 깊은 안쪽에 들어가 겨울잠을 자. 박쥐는 대개 11월부터 이듬해 4월까지 겨울잠을 자는데, 나는 그보다 이른 10월부터 잠을 자기 시작해서 이듬해 5월에야 깨어나. 220일 정도나 되는 긴 겨울잠을 자지.

암컷 붉은박쥐는 겨울잠을 자기 전에 수컷과 짝짓기를 해서 정자를 받아 몸에 저장했다가 겨울잠에서 깬 6~7월에 새끼를 낳아.

나는 꼬리까지 합친 몸길이가 10cm 정도이고, 평균 수명이 꽤 긴 편이야. 무려 25년이나 살거든. 사람들이 내 유전자를 이용해 인간이 장수할 수 있는 비결을 찾아내는 연구도 한다고 해.

어둠 속에서 소리로 먹이 사냥을 한다고?

박쥐는 밤에 먹이 사냥을 합니다. 그런데 박쥐의 시력은 '눈 뜬 장님'이라고 할 정도로 무척 약해요. 동굴이나 폐광 같은 어두운 곳에 살다 보니 자연스럽게 시력이 퇴화했어요. 그래도 박쥐는 아무리 캄캄한 어둠 속이라도 장애물에 부딪혀 다치는 일 없이 자유롭게 날아다니고, 먹이 사냥도 아주 능숙해요. 그 비결은 바로 초음파예요. 초음파는 사람의 귀로는 들을 수 없는, 주파수가 높은 소리예요. 박쥐는 초음파를 입과 코로 내보낸 뒤, 그 소리가 주변에 있는 물체나 먹잇감에 부딪혀 되돌아오는 메아리를 통해 위치나 거리, 모양, 크기 등을 파악해서 방향을 잡고 공격한답니다.

박쥐는 조류가 아닌데 어떻게 날 수 있을까?

공중을 날아다니는 박쥐를 보고 조류라고 생각하는 친구들이 있어요. 하지만 박쥐는 조류가 아니라 포유류예요. 조류처럼 알을 낳는 게 아니라 새끼를 낳고, 몸에도 깃털이 아닌 털이 나 있거든요. 그런데도 새처럼 훨훨 날 수 있는 건 비막 때문이에요. 비막은 박쥐의 손가락이 길어지면서 손가락 사이사이의 피부가 늘어나 생긴 얇은 막이에요. 앞다리에서부터 뒷다리 발목까지 연결되어 날개 역할을 하지요. 그리고 이 날개에 나 있는 미세한 털들이 공기의 흐름을 읽어서 날아갈 때 방향을 바꾼다거나 공중에서 갑자기 멈추는 것이 가능하답니다.

멸종위기
야생생물
II

천적이 없는 작은 맹수
삵

덩치 큰 고양이라는 말은
정중히 사양할게!

나는 삵이야. 살쾡이, 산고양이라고도 불리지. 미리 말해 두는데, 내 앞에서 절대로 해서는 안 될 말이 있어.

고양이랑 닮았다느니, 덩치 큰 고양이라느니 하는 말이야. 호랑이와 표범 같은 맹수가 사라진 대한민국에서 '땅 위의 최상위 포식자'로 군림하는 나를 고양이로 보는 건 엄청 자존심 상한다고. 내가 고양잇과인 건 맞지만 고양이와는 분명 구별되는 야생동물이란 말씀!

나는 주로 산속의 계곡이나 바위굴에 살아. 해마다 따뜻한 3월에 짝짓기를 해서 5월에 네 마리 정도의 새끼를 낳아 기르지. 그리고 밤에 활동하는 습성을 지녔어. 낮에는 은신처에서 쉬다가 해 질 무렵이 되면 입맛을 다시며 어슬렁어슬렁 나와 먹이 사냥을 시작해. 내가 사냥하는 먹잇감은 주로 쥐 종류야. 다람쥐나 닭, 꿩 새끼, 멧토끼 같은 작은 동물도 마다하지 않지. 그리고 나보다 덩치가 큰 고라니도 잡아먹어. 난 발톱이 매우 날카롭고 송곳니도 발달했거든. 턱 근육이 발달해서 먹이를 뜯는 힘도 엄청 세고 말이야.

이 땅에서 내가 잡아먹는 동물은 있어도 날 잡아먹으려고 공격하는 천적은 거의 사라졌어. 그래서 사람들은 나를 '천적이 없는 작은 맹수'라고 부른단다.

닮은 듯 닮지 않은 삵과 고양이

삵은 언뜻 고양이처럼 보여요. 삵도 고양잇과 동물이니 당연한 걸까요? 아니에요. 조금만 관심을 갖고 관찰하면 삵과 고양이를 구별할 수 있어요. 삵은 고양이보다 덩치가 큰 편이에요. 그리고 코 위쪽부터 이마를 따라 흰색과 검은색의 줄무늬가 뚜렷하지요. 고양이의 미간에는 보통 M자형의 줄무늬가 있어요. 꼬리도 달라요. 고양이의 꼬리는 털이 별로 없어 날씬한 반면, 삵의 꼬리는 털이 수북하고 두툼한 편이에요. 삵의 귓바퀴 뒤쪽에는 하얀 반점이 있고, 몸 전체에 황갈색 반점이 많이 흩어져 있다는 것도 고양이와 다른 점이랍니다.

쥐약이 뭐길래!

삵은 1950년대까지만 해도 개체 수가 많았어요. 그러나 한국전쟁 이후 산간 지방에 독성이 강한 살서제(쥐약)가 뿌려졌는데, 이때 약에 오염된 먹이를 먹고 많이 죽었답니다. 지금은 전국의 몇몇 큰 산에서 서식하지만 개체 수가 적은 편이에요. 요즘은 밤에 먹이를 구하러 산 아래에 내려갔다가 도로에서 로드 킬을 당하는 경우도 많아요. 삵뿐만 아니라 많은 야생동물이 안전하게 살며 새끼를 번식할 수 있도록 서식지가 보존되고, 안전한 생태 길도 많이 만들어져야 해요. 그러다 보면 삵과 고양이를 잘 구별할 수 있지 않을까요?

멸종위기
야생생물
Ⅱ

하늘을 나는 포유류
하늘다람쥐

하늘을 나는 다람쥐라서
그런 이름이 붙었냐고?
맞아.

얼굴의 반을 차지할 정도로 커다란 눈망울이 똘망똘망해 보이는
나는 하늘다람쥐야. 하늘을 나는 다람쥐라서 그런 이름이 붙었냐고?
맞아. 나는 앞다리와 뒷다리 사이에 털로 덮인 비막이 있는데, 이
비막이 날개 역할을 해서 나무와 나무 사이를 날아 이동할 수 있어.
7~8미터는 아주 쉽게 날고, 필요에 따라 20~30미터도 날 수 있어.
나는 일반 다람쥐처럼 우거진 숲에 살고, 먹는 것도 크게 다르지 않아.
도토리나 잣 같은 단단한 껍질에 쌓여 있는 열매를 좋아해.
식물의 새싹이나 새순, 곤충도 아주 잘 먹지. 몸을 곧추세우고 앉아서
두 앞발로 껍질을 벗겨 먹는 모습도 똑같아. 또 일반 다람쥐처럼
나무의 구멍에 둥지를 틀고 살아. 구멍 난 나무가 없으면
나뭇가지를 엮어 타원형의 둥지를 만들기도 해.
차이점은 일반 다람쥐가 낮에 활동하는 것과 반대로
난 밤에 활동하는 야행성이라는 거야.
나는 봄철에 두세 마리의 새끼를 낳고, 평균 수명은 15년 정도로
꽤 오래 사는 편이야. 천적인 올빼미, 부엉이, 구렁이를 조심하면 돼.
하지만 지금 하늘다람쥐는 멸종위기에 놓여 있어.
숲에서 나무를 베어 내고, 병충해를 없애기 위해 농약을 뿌리면서
서식지가 많이 파괴되었기 때문이야.

혹시 숲에서 우리를 보거든 귀엽고
특이하다며 잡으려고 하지 마!
우리에게 하늘을 날 수 있는
자유를 줘.

하늘다람쥐처럼 날아 봐!

하늘다람쥐는 하늘을 날지만, 새가 날개를 움직이며 나는 비행과는 달라요. 보통 나무의 높은 곳에 올라서 뛰어오르는 동시에 비막을 활짝 펴서 비스듬하게 아래쪽으로 내려가듯 날지요. 바람을 타고 하늘을 미끄러지듯 나는 활공을 한답니다. 이때 털이 북실북실한 긴 꼬리로 방향을 조정해요.

하늘다람쥐를 반려동물로 키운다고?

최근 하늘다람쥐를 반려동물로 분양받아 키우는 사람이 늘고 있어요. 10~12cm밖에 안 되는 작은 몸에 털이 덜 날리고 머리가 좋아 사람과 쉽게 친해진다는 장점 때문에 반려동물로 키우기도 해요. 그런데 하늘다람쥐는 개체 수가 줄어 이미 1982년에 천연기념물 제328호로 지정되었고, 2017년에는 멸종위기 야생생물 2급으로 지정되었어요. 멸종위기에 처한 동물을 반려동물로 키우는 건 절대 안 돼요. 현재 반려동물로 분양되는 하늘다람쥐는 우리나라 종이 아니라 북미산 하늘다람쥐지만 그래도 다른 반려동물을 알아보는 게 어떨까요?

비무장지대에는 어떤 포유류가 살까?

국립생태원 조사에 따르면 비무장지대에는 약 47종의 포유류가 살고, 그 가운데 11종이 멸종위기종이라고 해요.
대표적인 멸종위기종은 가슴에 반달 모양의 흰색 무늬가 있는 '반달가슴곰'이에요. 한국을 대표하는 곰이었지만 멸종 직전에 이를 정도가 되어 종복원 사업을 진행하기도 했지요. 털이 아름다운 '담비'도 서식하고 있어요. 모피 옷의 소재로 쓰이는 바람에 무차별 밀렵을 당해 개체 수가 크게 줄어든 녀석이에요.
비무장지대에서는 작고 검은 점무늬가 몸 전체에 퍼져 있는 '점박이물범'도 만날 수 있어요. 태어난 직후에는 온몸이 흰색 털로 덮여 있는데, 어미가 흰 눈이 덮인 얼음 위에 흰 털의 새끼를 낳아 천적의 눈을 피해요. 이름이 생소한 '작은관코박쥐'는 코 모양이 아주 독특해요. 튜브 모양으로 생긴 코가 바깥으로 돌출되어 있어요. 특이하게도 작은관코박쥐는 깊은 숲속의 나무껍질이나 낙엽 아래에서 살아요. 1950년대 이후 50년 이상 안 보이다가 2014년 소백산국립공원에서 서식하는 게 확인된 뒤 드문드문 발견되고 있어요.

그 많던 야생생물은 왜 사라졌을까요?

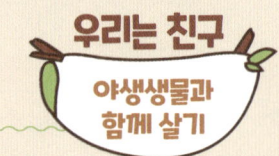
우리는 친구
야생생물과 함께 살기

우리나라의 야생생물이 눈에 띄게 사라진 시기는 일제강점기(1910~1945년)예요. 이때 일본은 사람의 목숨에 위협이 되는 해로운 동물(해수)을 없애는 '해수 구제 사업'을 펼쳐 호랑이, 표범, 곰 같은 우리나라 토종 대형 동물을 거의 없애 버렸어요. 그리고 얼마 뒤 한국전쟁(1950~1953년)이 일어나 온 강산이 불길에 휩싸이면서 그 안에 살던 수많은 동물과 식물이 피해를 입었지요.

이후에도 고난은 그치지 않았어요. 1970년대에는 대대적인 '쥐 잡기 운동'이 벌어져 쥐약을 놓는 바람에 쥐약 먹은 쥐를 먹이로 삼은 동물이 피해를 입었어요. 또 1980년대 이후로는 산업 발달로 곳곳에서 개발이 이루어지며 큰 변화가 생겼어요. 산이 깎여 나가고, 강에는 댐이 건설되고, 습지는 흙으로 메워지며 야생생물의 서식처가 파괴된 거지요. 서식지의 파괴는 야생생물을 사라지게 했어요. 야생생물이 몸에 좋다는 이유로 밀렵이 이루어지는 것도 큰 문제였지요. 그러고 보니 그 많던 야생생물이 사라지는 이유는 다른 누구도 아닌 바로 우리 '인간' 때문이네요. 만약 이대로 자연을 파괴하고 방치한다면 야생생물의 멸종은 위기에서 멈추지 않고 '멸종'이 되어 버릴 거예요.

멸종위기
야생생물
Ⅰ

장수를 상징하는
두루미

해마다 새해를 축하하는
신년 연하장에 가장 많이
등장하는 새는?

바로 나 두루미야. 난 평균 수명이 30~50년으로 길어서 장수를 상징하는 새로 유명해. 그래서 한 해를 시작하며 축복하기 위해 단골손님처럼 등장하지. '뚜루루루 뚜루루' 소리를 내며 울어서 두루미라는 이름이 붙었어. 한자로 학(鶴)이라고도 해. 그러니까 두루미와 학은 같은 새야.

나는 매년 10월 하순에 한반도에 찾아와 이듬해 3월까지 겨울을 보내고, 북쪽으로 이동하는 겨울 철새야. 농경지나 갯벌, 습지에 살며 논에 떨어진 낟알이나 미꾸라지, 갯지렁이 등을 먹고 살아.

나는 예부터 사람들 가까이에 사는 아주 친근한 새였어. 겨울철 농경지나 습지에서 가족 단위로 무리 지어 살았으니까. 조선 시대의 선비들은 옷 가장자리를 검은색으로 꾸며 입기도 했어. 단정하고 기품 있는 내 모습을 본떠서 만든 옷이야. 또 암수가 짝을 지으면 평생 같이 살고, 새끼를 낳아 함께 돌보는 화목한 모습 때문에 부부애를 상징하기도 해. 부부가 쓰는 이불이나 장롱, 수저 등에 두루미를 새겨 화목한 가정을 기원하기도 했지.

하지만 지금 우리는 장수하지도 못하고, 부부가 금슬 좋게 평생 살지도 못해. 서식지가 파괴되어 멸종의 위협을 받고 있거든. 전 세계에 3,000여 마리밖에 남지 않았지 뭐야. 농경지가 자꾸 줄어들고, 갯벌이나 습지는 매립되거나 각종 유해 물질로 오염되었기 때문이야. 또 전선에 부딪혀 죽는 경우도 꽤 많아. 우리가 사람들 가까이에서 친근하게 살아가던 그때로 다시 돌아갈 수는 없을까?

두루미와 황새와 백로, 이렇게 구별해 보자!

습지에 살고, 긴 목, 긴 부리, 긴 다리를 가졌다고 다 같은 새는 아니에요. 두루미와 비슷한 황새와 백로의 특징을 알아볼게요.

두루미는 머리 부분의 피부가 드러나 붉은색이고, 얼굴과 목과 부리가 검은색이며 몸통은 흰색 깃털로 뒤덮여 있어요. 목이 길어서 S자로 굽고, 뒷발가락이 퇴화되어 나뭇가지에 앉을 수 없어요. 밤에는 무리가 함께 모여 자는 습성이 있답니다.

황새

황새는 겨울철에 서해안 지방에 찾아오는 겨울 철새예요. 머리와 목의 털이 흰색이고, 두루미나 백로보다 목이 짧아서 일자로 뻗어 있어요. 눈 주위가 붉고, 다리가 붉은색인 점이 가장 큰 차이점이에요. 암수 한 쌍이 함께 다니고, 나뭇가지에 앉을 수 있어요. 울음소리를 내지 못하는 대신 부리를 마주쳐서 '따따따' 소리를 냅니다.

백로

백로는 이른 봄부터 늦가을까지 우리나라에 찾아와 서식하며 번식하는 여름 철새예요. 머리부터 발끝까지 온통 흰 털로 뒤덮여 있고, 목이 길어서 S자로 굽는 특징이 있어요. 또 기다란 네 번째 발가락으로 나뭇가지를 잡고 나무 위에서 휴식을 취해요.

감추고 싶은 두루미의 비밀?

보통 새들은 갈고리처럼 생긴 발로 나뭇가지 위에 잘 걸터앉아 있어요. 어떤 새들은 아예 나뭇가지 위에서 잠을 자기도 하지요. 그런데 두루미는 새면서도 나뭇가지에 앉을 수가 없어요. 뒷발가락이 퇴화되어 짧고, 그마저도 다리 위쪽에 붙어 있어서 평평한 바닥은 잘 걷지만 나뭇가지에 앉는 건 불가능하답니다. 그래서 땅 위에서 생활하고, 둥지도 땅 위에 만들어요.

멸종위기
야생생물
I

검은 마스크를 쓴
저어새

사람들은
나를 한번 보면
절대 잊지 않는다고 해.
왜 그럴까?

바로 특이한 부리 모양 때문이야. 부리가 주걱 모양으로 긴 데다 몸의 하얀색 털과 대비되는 검은색이거든. 또 눈 주위의 피부가 검어서 부리와 눈이 붙어 있는 것처럼 보여. 마치 검은 마스크를 쓴 것처럼. 바로 이 검고 기다란 부리로 얕은 물을 휘휘 저으며 먹이를 잡는 모습에서 '저어새'라는 이름이 나왔어. 어떤 사람들은 내가 먹이 사냥을 하는 모습이 꼭 뱃사공이 노를 젓는 모습 같다고도 해.

어렸을 때는 부리가 오렌지색이었다가 나이가 들수록 점점 검어지고, 매끈한 표면에 주름이 늘어나. 그래서 부리의 주름을 보면 나이를 짐작할 수 있어. 나무의 나이테를 보고 나이를 알아맞히듯 말이야.

나는 대한민국, 홍콩, 일본, 타이완, 베트남 등 동남아시아에 분포하는 여름 철새야. 한반도에는 3월에 찾아와 11월까지 해안 지역의 얕은 물가나 갯벌, 습지 등에서 살아. 그러다 번식기가 되면 무리를 지어 서해안의 바위로 이루어진 무인도로 이동해서 알을 낳아.

한반도에서는 주로 서해의 비무장지대 부근의 바위섬이나 강화도 인근에서 번식하는데, 우리가 번식하는 구역이 천연기념물로 지정되어 보호받고 있어. 덕분에 저어새의 상당수가 이곳에서 마음놓고 번식할 수 있지. 우리에겐 참 고마운 터전이야.

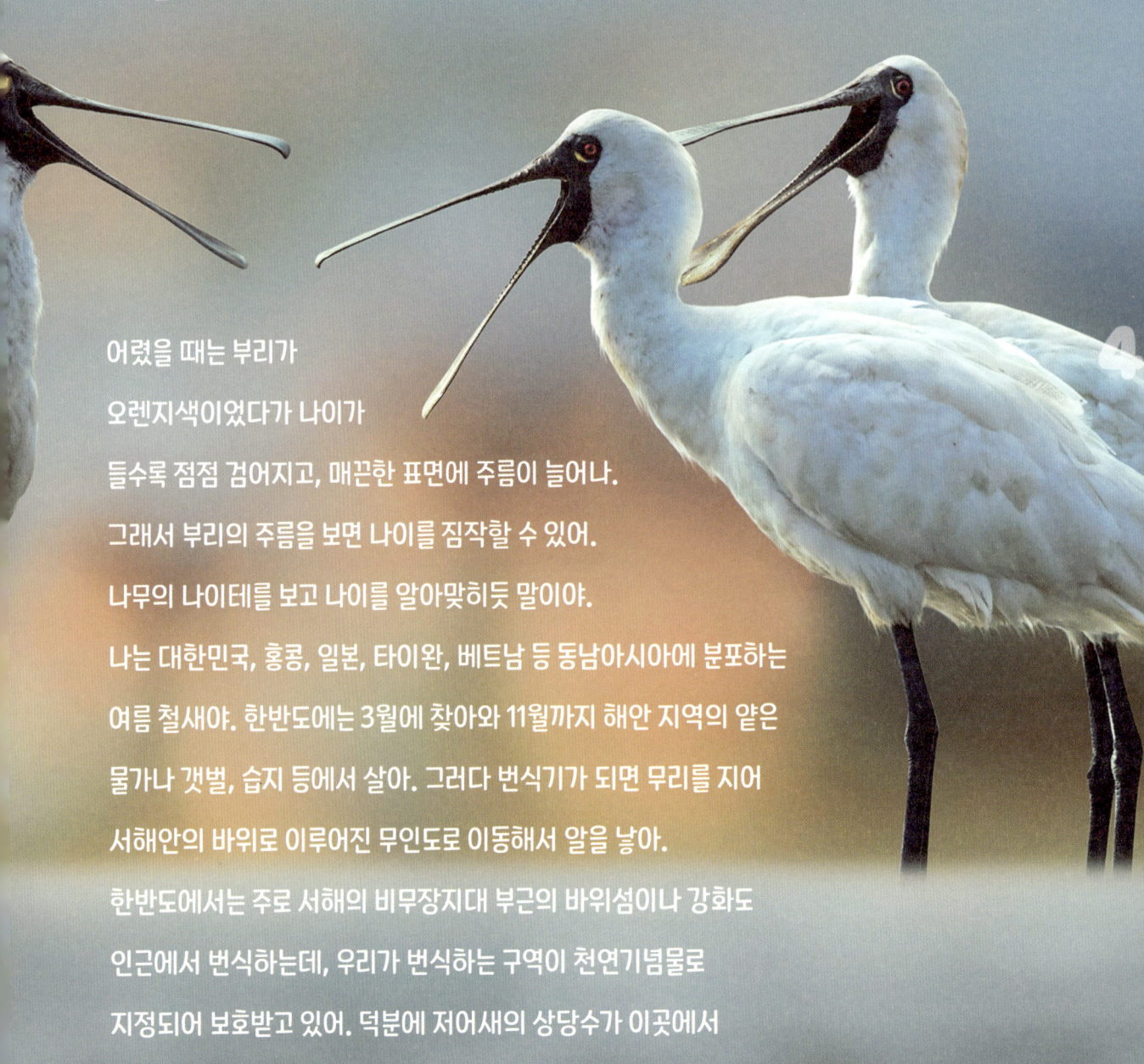

천연기념물로 보호받는 저어새 서식지

인천광역시 강화군에는 저어새를 보호하기 위해 천연기념물 제419호로 지정된 구역이 있어요. 바로 '강화 갯벌 및 저어새 번식지'예요. 이곳은 여의도의 52.7배 크기로 대규모 해안 갯벌과 바위섬을 포함하고 있어요. 저어새는 번식기인 4월~8월 초에 이곳으로 무리를 지어 이동해 와 둥지를 틀고 한 마리당 두세 개의 알을 낳아요. 뿐만 아니라 다른 철새도 이곳에 와서 쉬거나 번식을 하면서 철새들의 보금자리가 되고 있답니다.

저어새를 볼 수 없다고?

저어새를 실제로 본 사람들이 얼마나 될까요? 저어새는 지금 세계적인 멸종위기종이에요. 2016년에 조사한 바에 따르면 세계에서 3,356마리가 관찰되었다고 해요. 사실 이것도 저어새를 보존하기 위한 노력으로 늘어난 수지요. 1980년대만 해도 300여 마리밖에 관찰되지 않았답니다.

사람들의 노력으로 개체 수가 점점 늘어나고는 있지만 아직 안심할 수는 없어요. 해안의 개발이 계속 진행되고 있어서 서식지를 늘 위협받고, 사람들이 무분별하게 버린 쓰레기가 하천이나 갯벌로 흘러들어 저어새를 위험에 빠뜨리니까요. 자주, 오래도록 저어새를 보려면 어떻게 해야 할지 함께 고민해 봐요.

멸종위기
야생생물
I

묵은 둥지 고쳐 쓰는
참수리

바다의 하늘을 지배하는
왕에 대해 들어 봤니?

꽋꽋꽋— 갓갓갓—

나, 참수리가 두 날개를 활짝 펴고 바람을 가르며 허공을 나르면 순식간에 주변이 고요해져. 아마도 무서워서 벌벌 떨거나 순식간에 숨어 버렸기 때문일 거야. 흑갈색 털로 뒤덮인 몸은 90~100cm에 달하고, 양쪽으로 날개를 펼치면 그 길이가 무려 2.5m가량 되니 당연히 무섭겠지.

어디 그뿐인가? 번득이는 두 눈은 매섭기 그지없고, 끝이 크게 휜 노란색 부리는 돌덩어리도 부술 듯 단단해 보이지, 갈고리처럼 생긴 발톱은 뭐든 한번 잡으면 갈기갈기 찢어 버릴 수 있을 것 같고. 이러니 날 보는 것만으로도 생명의 위협을 느끼며 덜덜 떠는 게 당연해. 하지만 내 모습을 보고 공포에 떨 일은 아주아주 드물 거야. 안타깝게도 나는 멸종위기에 처해 있거든. 현재 생존하는 참수리가 5,000마리 정도밖에 안 돼. 나랑 친척뻘인 독수리, 검독수리, 흰꼬리수리도 모두 개체 수가 줄어서 국제적으로 보호를 받고 있어. 내가 주로 머무는 곳은 해안이나 강가, 저수지야. 그래서 날더러 바다의 하늘을 지배하는 왕이라고 해. 나와 같은 대형 맹금류인 독수리나 콘도르가 죽은 동물의 시체를 먹고사는 것과 달리, 나는 살아 있는 동물을 직접 사냥해서 먹어. 주로 물 위를 날아다니며 물고기를 잡아먹지만 산토끼나 물범, 물새도 없어서 못 먹어. 그리고 해안의 높은 바위나 큰 나뭇가지에 둥지를 틀고 청백색 알을 낳아. 나뭇가지를 쌓아 올려 만든 둥지는 한 번만 사용하고 버리지 않고 해마다 고쳐 쓰는 알뜰쟁이란다.

참수리의 방문이 반가운 이유

참수리는 동북아시아 지역에 서식하다가 겨울철이 되면 우리나라나 일본을 찾아와 겨울을 보내는 겨울 철새입니다. 우리나라에서는 11월 초순에서 3월 하순에 낙동강이나 임진강 등에서 관찰되지만 개체 수가 많지 않아요. 기껏해야 두세 마리 정도가 발견될 뿐이지요.

우리나라에 참수리가 찾아온다는 건 아주 반가운 일이에요. 참수리가 해마다 찾아온다는 건 철새가 서식하기에 좋은 환경이라는 뜻이니까요. 먹을 게 없거나 위험한 환경이라면 일부러 수천, 수만 킬로미터의 긴 거리를 이동해서 오지 않겠죠? 또 참수리 같은 맹금류는 생태계 먹이 피라미드의 꼭대기에 위치해 있어요. 이런 새가 사는 지역은 생태계가 매우 안정적이고 우수하다는 의미이기 때문에 참수리의 방문이 반가울 수밖에 없답니다.

멸종위기
야생생물
II

울음소리가 특이한
뜸부기

누구나 아는
동요에 나오는 새가
바로 나야, 나!

뜸북 뜸북 뜸북새 논에서 울고
뻐꾹 뻐꾹 뻐꾹새 숲에서 울 제.
우리 오빠 말 타고 서울 가시면
비단 구두 사 가지고 오신다더니.

이 동요 다들 한번쯤 들어 봤지? 〈오빠 생각〉이라는 동요야. 이 노랫말에 나오는 뜸북새가 바로 나, 뜸부기야. '뜸북 뜸북', 또는 '뜸 뜸 뜸' 하고 우는 소리가 참 특이하지? 몸을 숨기고 움직이는 습성이 있는데도 이 울음소리 때문에 번번이 들키지 뭐야.
나는 겨울에는 따뜻한 동남아시아에서 살다가 여름이 시작되는 5~6월에 한반도로 찾아와 짝짓기와 번식을 하고, 날이 추워지는 10월에 다시 동남아시아로 떠나는 여름 철새야. 그래서 여름철이 되면 논이나 늪 같은 물이 얕은 습지에서 작은 곤충과 물고기를 잡아먹는 날 발견할 수 있어.
물론 지금은 힘들지. 동요에 나올 정도로 흔했던 내가 지금은 천연기념물과 멸종위기 야생생물로 지정되어 보호받는 신세가 되었으니까. 1980년대 이후에 농약 사용이 급격하게 늘어나면서 개체 수가 줄었기 때문이야. 예전처럼 우리가 논을 돌아다니며 뜸북 뜸북 울고, 너희는 '뜸북 뜸북 뜸북새~' 노래를 부르는 날이 다시 오길 바랄게.

수컷

암컷

비무장지대에는 어떤 조류가 살까?

비무장지대는 새들이 안전하게 살 수 있는 천국이에요. 숲이 무성하고 습지가 많아 먹이 활동을 하며 살기에 이보다 더 좋을 수가 없거든요. 그래서 멸종위기에 놓인 조류가 수십 종이나 서식하고 있어요. 그중 눈에 띄는 것이 '붉은배새매'예요. 덩치가 크지는 않지만 독수리나 매처럼 동물을 잡아먹는 맹금류지요. 개구리, 도마뱀, 작은 새, 곤충 등을 사냥해요. '수리부엉이'는 밤의 제왕이에요. 아주 작은 소리도 잡아내는 청력, 어두운 밤에도 문제없는 시력, 자유롭게 움직일 수 있는 목, 소리를 흡수하는 깃털로 캄캄한 밤에도 쥐도 새도 모르게 사냥감을 덮친답니다. '혹고니'는 고니(백조)의 한 종류로 선명한 주황색 부리에 검은 혹이 나 있어 일반 고니와 쉽게 구별이 돼요. 목을 S자로 굽히고 헤엄치는 모습이 아주 우아해요. '호사비오리'는 이름처럼 참 호사스럽게 생겼어요. 붉은색에 끄트머리만 노란 부리, 초록색 광택이 나는 검은 머리, 뒷머리에 있는 여러 가닥의 검은 댕기, 옆구리에 있는 비늘무늬가 무척 독특해요.

뜸부기 암컷과 수컷, 어떻게 구별할까?

뜸부기는 번식기가 아닐 때에는 수컷과 암컷을 구별하기 힘들어요. 수컷이 암컷보다 조금 더 크고 부리가 굵지만 신경 써서 안 보면 잘 모르지요. 그런데 번식기가 되면 단번에 구별할 수 있어요. 수컷의 모습이 180도 달라지거든요. 몸 색깔이 검푸른색으로 변하고 옅은 녹색이던 다리도 붉은색으로 변해요. 또 닭 볏처럼 생긴 머리의 이마 판이 빨갛게 부풀어 올라요. 암컷의 선택을 받기 위해 멋진 모습으로 변신하는 거예요. 그리고 이때 독특한 울음소리를 내며 암컷에게 구애하지요. 수컷의 멋진 모습은 짝짓기를 해서 새끼를 낳고 키우면 다시 원래의 색으로 돌아온답니다.

호사비오리

수리부엉이

혹고니

멸종위기
야생생물
II

헤엄을 못 치는
맹꽁이

맹꽁이랑
개구리랑 두꺼비,
구별해 볼래?

나는 맹꽁 맹꽁 소리를 내며 우는 맹꽁이야. 개구리나 두꺼비랑 비슷하게 생겼다고? 우리 모두 양서류로 서로 친척뻘이거든. 그래도 잘 살펴보면 맹꽁이만의 특징을 찾아낼 수 있어. 난 개구리에 비해 몸이 크고 몸통이 풍선처럼 부풀어 있어. 등 쪽 피부는 가운데가 불룩하게 솟은 돌기가 여기저기 흩어져 있어서 울퉁불퉁해 보여. 반대로 배 쪽 피부는 아주 매끈매끈해. 등은 노란색을 띠는 청색이고, 배는 노란색이지. 앞다리보다 뒷다리가 두 배나 길어서 잘 뛰어오를 것 같지만 실력이 별로야. 흐흐.

내가 개구리나 두꺼비와 가장 크게 차이나는 점은 물갈퀴가 발달하지 않았다는 점이야. 물갈퀴는 발가락 사이를 연결하고 있는 아주 얇은 막이야. 이 물갈퀴 때문에 헤엄을 칠 수 있고, 물이나 물가에서 자유롭게 살 수 있어. 나는 앞발에 물갈퀴가 없어서 물이 있는 곳에서 살지 못하고, 주로 땅속에서 숨어 지내. 그래도 장마철이 되면 모습을 드러낸단다. 그때가 바로 우리 맹꽁이들이 짝짓기를 하고 알을 낳는 시기거든. 습지에 몸을 숨기고 배를 볼록이면서 울음주머니를 크게 부풀려 맹꽁 맹꽁 울며 짝짓기할 상대를 찾고, 알을 낳아. 수십 차례에 걸쳐서 2,000개 정도의 알을 낳지.

하지만 너희가 울음주머니를 부풀리는 나를 만날 수 있을지 모르겠구나. 내가 사는 습지가 자꾸 파괴되고 개발되면서 사라질 위기에 처했거든. 너희가 나와 두꺼비와 개구리를 직접 보면서 구별할 수 있도록 환경이 좋아지는 게 내 간절한 바람이란다.

맹꽁이가 '맹꽁- 맹꽁-' 울지 않는다고?

흔히 맹꽁이는 '맹꽁 – 맹꽁 –' 하는 울음소리를 낸다고 알려져 있어요. 하지만 어떤 맹꽁이도 그런 울음소리를 내지 않아요. 맹꽁이는 단음절로만 울거든요. 수컷 한 마리가 '맹 – 맹 – 맹' 하고 울면, 다른 수컷이 박자를 맞춰 '꽁 – 꽁 – 꽁' 하고 울어요. 바로 이 '맹'과 '꽁'이 어우러져 '맹꽁 – 맹꽁 –'으로 들린답니다.

맹꽁이는 수컷과 암컷을 어떻게 구별해?

맹꽁이는 수컷과 암컷의 차이가 뚜렷하지 않아요. 그러나 번식기가 되면 차이점을 발견할 수 있지요. 수컷은 번식기 때 울음주머니를 자기 몸만큼 부풀려 울며 짝지을 암컷을 찾아요. 이 때문에 턱이 검은빛으로 보여요. 반면 암컷의 턱은 얼룩이 있어서 수컷과 구별이 가능하지요.

멸종위기
야생생물
II

한국의 대표 민물거북
남생이

속담과 건국 신화에
등장하는 나,
누구일까?

안녕? 난 자라와 함께 한국을 대표하는 민물거북 남생이야.
자라와 남생이를 구별 못 하겠다고? 그럴 땐 등껍질을 살펴봐.
자라는 등껍질이 피부인데, 남생이는 등껍질이 아주 딱딱하거든.
나는 등에 타원형의 등딱지가 붙어 있어. 보통 육지에서 사는
거북이의 등딱지가 높게 솟은 모양인데, 내 등딱지는 낮은 편이야.
전체적으로 짙은 갈색을 띠고, 등 중앙에 하나, 양옆에 하나씩
총 3개의 줄이 볼록하게 솟아 있어. 머리는 몸통에 비해 큰 편이고,
머리 뒤쪽은 작은 비늘로 뒤덮여 있어. 참, 4개의 발에는 물갈퀴가
있어서 헤엄을 칠 수 있어. 하지만 헤엄 실력이 썩 좋지는 못해.
그래서 물살이 약한 하천이나 저수지, 논 등에 살아.
입맛은 물고기나 개구리 등 아무거나 잘 먹는 잡식성이야.
나는 혼자 다니며 생활하고, 주로 낮에 활동해. 겨울이 시작되는
11월에서 날씨가 따뜻해지는 4월까지 땅이나 물속에서 겨울잠을
자고, 6~8월에 물가의 모래에 구멍을 파고 알을 낳아. 알은 한 번에
4~6개 정도 낳는단다. 성격은 온순한 편인데, 그렇다고 공격받아도
가만히 있는 건 아냐. 다리에 있는 분비샘에서 고약한 냄새를 풍겨서
혼쭐을 내거든. 흐흐.
예전에는 내가 주변에서 흔하게 볼 수 있는 친숙한 동물이었어.
그러나 지금은 멸종위기에 놓여 있어. 1960년대 이후로 환경이
오염되고, 나를 약으로 사용하거나 집에서 기르겠다고 마구
잡아들이면서 개체 수가 크게 줄어들었지. 또 반려동물로 키우기 위해
수입했다가 야생에 퍼진 붉은귀거북이나 황소개구리와의 경쟁에
밀리면서 더욱 줄어들어 이제는 찾아보기 힘들어졌단다.

남생이와 관련된 속담

예전에 남생이는 아주 흔하게 보던 동물이었어요. 그래서 남생이를 주인공으로 한 전래 동화나 속담이 많지요. 사람들이 많이 모여 있을 때 '남생이 줄 서듯 한다'고 해요. 남생이들이 체온을 조절하거나 몸에 붙은 기생충을 떼어 내기 위해 쪼르르 줄지어 붙어서 햇볕을 쬐는 모습에서 나온 속담이에요. '남생이 등에 활쏘기'는 매우 어려운 일을 할 때 쓰는 속담이지요. 남생이의 딱딱한 등에 활을 쏴도 끄떡없으니까요.

남생이가 건국 신화에도 나온다고?

《삼국유사》에는 가야의 건국 신화가 전해 오고 있어요. 신화에 따르면 옛날 가락국 사람들이 왕을 맞이하기 위해 구지봉에 모여 땅을 파면서 〈구지가〉라는 노래를 불렀다고 해요.

거북아, 거북아
머리를 내놓아라.
내어놓지 않으면
구워서 먹으리.

이 노래 속의 거북이가 바로 남생이라고 추정하고 있답니다.

비무장지대에는 어떤 양서류와 파충류가 살까?

비무장지대에는 30종이 넘는 양서류와 파충류가 살아요. 그중 멸종위기종이 포함되어 있지요. 멸종위기 양서류에는 남생이, 맹꽁이 외에 금개구리와 수원청개구리가 있어요. 금개구리는 한국에만 있는 고유종으로 등 양쪽에 금색의 뚜렷한 줄이 튀어나와 있어요. 수원청개구리는 수원에서 발견된 청개구리로 이 역시 한국 고유종이에요. 전문가도 구별하기 힘들 정도로 일반 청개구리와 비슷하지만, 번식기 때 수원청개구리의 울음주머니가 옅은 황색을 띠는 걸로 구별해요. 울음소리도 달라요. 일반 청개구리는 낮은음으로 '빽빽빽빽' 하고 빠르게 우는데, 수원청개구리는 높은음으로 '챙—챙—챙—챙' 하고 느리게 울지요.

멸종위기 파충류에는 한국에 사는 뱀 가운데 가장 덩치가 큰 '구렁이'와 몸 전체에 얼룩얼룩한 무늬가 있고 크기가 가운뎃손가락(장지)만 한 '표범장지뱀'이 있어요. 표범장지뱀은 아주 앙증맞게 생긴 도마뱀으로 강가의 모래언덕이나 흙 속에 구멍을 파고 살아요. 발가락이 길고 발톱이 날카로워 모래언덕에서도 미끄러지지 않고 민첩하게 다녀요.

세계자연보전연맹의 적색목록이란 무엇일까요?

1939년부터 6년 동안 전 세계를 뒤흔든 제2차 세계대전이 끝나자 지구의 자연환경은 말할 수 없이 파괴되었어요. 이에 전 세계가 자원과 자연을 보호해야 할 필요성을 느끼고, 1948년 세계 최대 규모의 환경보호 관련 국제기구인 '세계자연보전연맹(IUCN)'을 설립했어요.

세계자연보전연맹은 세계의 자원과 자연을 관리하고, 멸종위기에 처한 동식물을 보호하기 위해 각 나라들과 긴밀하게 협력하고 있어요. 4년에 한 번씩 '세계자연보전 총회'를 열어 지구 환경에 대한 논의를 하는데, 이를 세계환경올림픽이라고 하지요.

세계자연보전연맹의 역할 중 가장 눈에 띄는 것은 '적색목록(레드 리스트)'을 발표하는 거예요. 현재 지구상에 있는 동식물을 멸종 위험 정도에 따라 9단계로 나눠 관리하는 거지요. 2019년 자료에 따르면 멸종위기종으로 분류된 생물 종이 3만여 종이고, 멸종위기 대상이 되는 종도 점차 증가하고 있어요. 동물과 사람이 더불어 살아가는 지구를 위해 생물들의 서식지를 지켜 주는 노력이 더욱더 필요하겠지요?

세계자연보전연맹(IUCN) 적색목록 9단계

절멸(EX)	개체가 하나도 남아 있지 않은 상태
야생 절멸(EW)	야생에 사는 개체는 하나도 없고, 보호 시설이나 원래의 서식지가 아닌 곳에서 생존하고 있는 상태
멸종우려 - 위급(CR)	야생에서 완전히 없어질 가능성이 매우 높은 상태
멸종우려 - 위기(EN)	야생에서 완전히 없어질 가능성이 높은 상태
멸종우려 - 취약(VU)	야생에서 완전히 없어질 위기에 처할 가능성이 높은 상태
준위협(NT)	머지않아 야생에서 멸종될 위기에 처할 가능성이 높은 상태
관심 대상(LC)	아직 멸종위기의 위험이 낮고 위험 범주에 들어가지 않은 상태
정보 부족(DD)	멸종 위험에 관한 평가 자료가 부족한 상태
미평가(NE)	아직 평가 작업을 하지 않은 상태

멸종위기
야생생물
I

흰 수염이 네 쌍이나 난
흰수마자

한국에서만 볼 수 있는
물고기, 누구일까?

에헴, 수염이 난 어른을 봤으면 인사부터 해야지. 뭐? 몸길이가 겨우 6cm밖에 안 되는 쪼끄만 물고기한테는 인사를 못 하겠다고? 쳇, 내가 얼마나 귀한 몸인지 몰라서 하는 소리구나?

난 세계 어느 나라에서도 볼 수 없는 대한민국 고유종에 멸종위기 야생생물 1급에 지정된 귀한 물고기란 말씀!

나는 수염이 네 쌍이나 있어. 여느 물고기처럼 입꼬리에 한 쌍이 있고, 아래턱에 세 쌍의 수염이 더 있지. 수염 색깔은 흰색이야. 그래서 '흰 수염의 민물고기'라는 뜻으로 '흰수마자'라고 불려.

나는 환경에 무척 예민한 편이야. 바닥에 모래가 두툼하게 깔려 있는 하천에 사는데, 물이 최소 2급수 이상은 되어야 해. 물이 오염되어 있으면 모랫바닥이 단단해져서 내가 모래 사이를 자유롭게 드나들 수 없거든. 녹조류나 남조류가 자라도 살 수 없어.

나는 주로 밤에 활동하는 야행성 물고기야. 하루 종일 모래 속에서 눈만 빼꼼 내놓고 생활하다가 밤 12시부터 새벽 3시경에 먹이 사냥을 나서. 깔따구 같은 물속에 사는 곤충이 주요 사냥감이야. 먹이 사냥을 하다 혹시 위험한 적을 만나면 냉큼 모래 속으로 숨어 버려. 그러면 귀신도 못 찾는다니까.

흰수마자는 어디에서 볼 수 있을까?

흰수마자는 원래 모래 하천에서 어렵지 않게 볼 수 있는 물고기였어요. 그런데 농업용수나 전기를 만들기 위해 댐을 만들고, 하천 밑바닥을 파내는 공사가 진행되면서 서식지가 파괴되어 개체 수가 크게 줄어들었어요. 만약 이대로 서식지를 되살리지 못한다면 흰수마자라는 물고기는 완전히 사라질지도 몰라요. 대한민국의 고유종인 흰수마자를 지키려면 서식지 보호를 위한 적극적인 노력이 필요해요. 자갈이나 모래를 마구 채취하는 것을 막고, 상류에서 모래가 흘러 내려오는 것을 막아 버리는 댐 건설이나 하천을 오염시키는 개발 공사를 할 때는 신중하게 고민해야 해요.

어름치

금강모치

우리나라에는 어떤 토종 민물고기가 살고 있을까?

민물고기란 강이나 호수에 사는 물고기를 말해요. 바닷물처럼 짠물에서는 못 살고 강이나 호수의 소금기 없는 물에만 살아요. 민물고기의 종류는 그 수를 헤아릴 수 없을 정도로 많아요. 그중에는 오직 한국에만 사는 60여 종의 고유종, 즉 토종 민물고기가 있어요. 흰수마자와 돌상어를 비롯하여 차가운 물에서만 사는 열목어, 최상류 1급수에서만 사는 금강모치, 가늘고 긴 몸매에 빛깔이 빼어나게 아름다운 쉬리 등이 있어요. 특히 몸 표면에 7~8줄의 흑점이 있어 눈에 확 띄는 어름치는 멸종을 막기 위해 천연기념물 제259호로 지정해서 보호하고 있답니다.

쉬리

멸종위기
야생생물
II

자식 사랑이 끔찍한
가시고기

몸에 가시가 있어서
가시고기냐고?

맞아. 난 등에 8~9개의 가시가 나 있고, 배와 뒷지느러미 앞에도 각각 1개씩 가시가 있어. 몸체가 5~6cm 정도로 작지만 이 가시 덕분에 겁날 게 없지. 적이 나를 공격해 오면 가시들을 바싹 세우고 싸우거든.

난 물살이 느리고 수초가 많은 하천에 살아. 물론 물은 1~2급수 정도로 맑아야만 해. 내가 사는 곳이 곧 환경 오염이 덜 된 깨끗한 곳이라고 보면 돼. 이곳에서 물벼룩, 깔따구 애벌레, 실지렁이나 물에 사는 곤충을 잡아먹고 살지.

참, 가시고기는 부성애가 끔찍한 걸로도 유명해. 5~6월이 되면 알을 낳아 번식하는데, 이때 수컷은 엄청 바빠져. 일생일대의 프로젝트를 진행해야 하거든. 일단 수초 줄기의 아랫부분에 둥우리를 지어. 수초 조각을 물어다 모아서 집을 짓는 거야. 콩팥에서 분비되는 점액질을 이용하면 아주 튼튼하게 지을 수 있어.

집이 다 지어지면 이번엔 지그재그 춤을 추며 암컷을 유혹해. 암컷이 집 안으로 들어가 알을 낳고 떠나면, 그때부터 수컷은 먹이도 먹지 않고 알과 집을 지켜. 다른 물고기가 알을 먹으려고 침입하면 가시를 세워 물리치고, 집 안의 알에 깨끗한 물과 산소를 공급하기 위해 가슴지느러미를 움직여 물살을 일으켜. 그래야 알이 썩지 않아. 열흘 정도 지나 새끼가 부화해도 그 곁을 떠나지 않아.

새끼들이 둥지를 떠나서도 잘 살 수 있도록 닷새 정도 더 돌봐 주다가 그 자리에서 눈을 감아. 그리고 자신의 몸은 새끼의 먹이가 되고, 새끼들은 자라서 또 아빠와 같은 생을 살지.

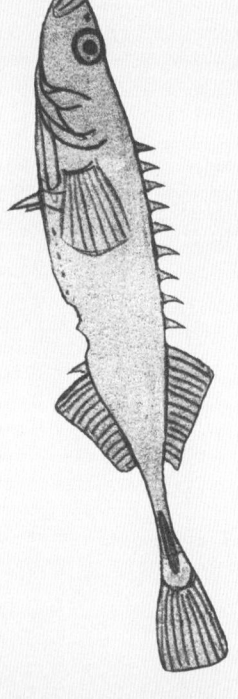

왜 물고기는 수컷이 알을 지킬까?

보통 동물은 암컷이 새끼를 지켜요. 수컷은 짝짓기가 끝나면 떠나 버리는 경우가 많지요. 그런데 물고기는 수컷이 알을 지키는 경우가 많아요. 그건 암컷 물고기가 알을 낳는 데 너무 많은 힘을 쏟고, 또 알을 낳다 죽기도 하기 때문이에요.

물고기 중에서 유독 부성애를 발휘하며 알을 지키는 물고기는 가시고기 말고도 여러 종류가 있어요. '틸라피아' 수컷은 입안에 알을 품고 알에서 새끼가 부화하면 자유롭게 헤엄칠 때까지 보호해요. 알이나 새끼를 품는 동안 수컷은 먹을 것을 먹지 못하지요. '꺽지' 수컷도 암컷이 큰 돌 밑에 알을 낳으면 지느러미를 움직여 새끼의 부화를 돕고, 새끼가 태어나 어느 정도 자랄 때까지 돌봐 줘요. '해마'는 아예 수컷이 임신을 해요. 암컷이 수컷의 배 속 육아낭에 넣어 준 난자를 품어 알을 부화시키고 새끼를 낳지요. '쥐노래미' 수컷도 알이 부화할 때까지 지키며 보호해요. 물고기 아빠들의 정성 어린 자식 사랑을 새끼들은 알려나 모르겠네요.

틸라피아와 알

해마

꺽지

멸종위기
야생생물
II

전혀 무섭지 않은
돌상어

민물에 사는 상어,
들어는 봤니?

상어라니까 무섭다고? 날카로운 이빨을 번득이며 사람을 통째로 삼키는 무서운 상어를 상상한 거야? 겁낼 필요 없어. 이름만 상어일 뿐 바다에 사는 상어랑 거리가 멀거든. 나는 바다가 아니라 민물에 살아. 잉엇과에 속하는 작은 물고기지.

아마 날 직접 보면 '어라? 이게 무슨 상어야?' 하며 코웃음을 칠 거야. 상어와 닮은 구석이라고는 눈을 씻고 찾아봐도 없고, 모래무지와 비슷하게 생겼거든. 몸길이도 8~15cm 정도밖에 안 돼.

나는 한국에만 사는 고유종이야. 한강, 임진강, 금강의 상류 지역에 살아. 그중에서도 바닥에 자갈이 깔려 있고 물살이 아주 빠른 여울에서 살지. 그래서 몸이 아주 날쌔단다. 빠른 물살에 적응해서 살 수 있도록 몸이 유선형이고 꼬리가 두껍거든.

나는 돌에서 돌로 옮겨 다니며 생활하고, 자갈 바닥에 잘 숨어. 배가 평평하고 가슴지느러미가 좌우로 퍼져 있어서 바닥에 붙어 사는 게 아주 편안해. 주로 물속에 사는 곤충을 먹고, 따뜻한 4~5월에 얕은 여울에서 무리를 지어 알아 낳아.

난 환경에 무척 예민한 편이야. 물이 깨끗하지 않거나, 물의 흐름이 느려지면 서식지를 옮겨. 물에 해캄 같은 녹조류가 생겨도 살지 않아. 그런데 하천 개발, 댐 건설 등으로 여울이 줄어들고, 물이 오염되어서 살 곳이 마땅치 않아. 대한민국에서 사라지면 영원히 볼 수 없는 나를 지켜 주지 않을래?

왜 돌상어라는 무시무시한 이름이 붙었을까?

예부터 사람들은 모랫바닥에서 사는 모래무지 종류의 물고기를 '사어'라고 불렀대요. 모래를 뜻하는 사(沙)와 물고기를 뜻하는 어(魚)를 합친 말이에요. 그런데 조선 시대까지만 해도 물고기 '어' 자 앞에 오는 글자에는 이응(ㅇ)을 붙여 소리를 냈어요. 이어는 잉어로, 부어는 붕어로 불렀지요. 그와 마찬가지로 사어도 상어로 불렸고, 이 상어 중에 돌이 많은 여울목에 사는 녀석에게 돌상어라는 이름이 붙은 거예요. 충북 옥천군과 영동군에서는 진달래꽃이 필 무렵에 돌상어가 하천에 많이 보인다고 해서 '꽃고기'라고 부르기도 한답니다.

물고기가 선글라스를 꼈다고?

"선글라스를 낀 물고기다!"
사람들은 돌상어를 보고 이렇게 외쳐요. 두 눈 사이에 굵고 검은 무늬가 있는데, 이게 영락없이 선글라스를 낀 것처럼 보이거든요. 입 주변에도 돌상어만의 특이한 점이 있어요. 바로 네 쌍의 짧은 수염이에요. 이렇게 선글라스를 낀 듯한 무늬와 입가에 네 쌍의 짧은 수염을 가진 돌상어는 오직 한국에만 살아요. 만약 돌상어가 터전을 잃고 멸종된다면 전 세계 어디에서도 찾아볼 수가 없어요. 그렇다고 깨끗한 계곡물에서 발견한 돌상어를 어항에 보호하며 키우겠다고 데려오면 절대 안 돼요. 모른 척 지나가는 게 도와주는 거지요. 한국의 고유종으로 오래오래 살 수 있도록 말이에요!

꾸구리

비무장지대에는 어떤 어류가 살까?

비무장지대와 그 주변 지역은 하천과 습지가 잘 발달되어 있어요. 그런 만큼 매우 다양한 어류가 살고, 우리 주변에서 보기 힘든 멸종위기종도 많아요. 그중 '꾸구리'는 하천의 물살이 빠른 여울에 사는 민물고기로 한국에서만 볼 수 있는 고유종이에요. 눈에 얇은 피막이 있어서 빛이 밝을 때는 눈을 덮어서 마치 눈을 감은 듯 가느다랗게 보이고, 어두울 땐 눈을 뜬 듯 동그랗게 보여요. 이 모습이 꼭 고양이 눈을 닮았답니다.

'다묵장어'는 참 희한하게 생겼어요. 몸은 뱀장어처럼 길쭉하고, 턱은 없고, 입은 둥그런 빨판 형태예요. 콧구멍은 등 쪽에 있지요. 이러한 생김새는 지구에 나타난 초기 물고기의 모습에서 볼 수 있대요. 다묵장어는 특이하게도 알에서 부화한 뒤 3년간 벌레 비슷한 모습으로 어린 시절을 보내고, 4년째에 어른 물고기가 돼요.

이 외에도 비무장지대에는 한둑중개, 가는돌고기, 묵납자루, 버들가지, 연준모치, 열목어, 칠성장어 같은 멸종위기종이 살아가고 있답니다.

연준모치

한둑중개

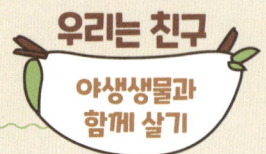
우리는 친구
야생생물과 함께 살기

멸종위기종 복원 사업이 왜 필요할까요?

우리가 사는 지구의 자연 생태계에는 셀 수 없이 많은 생물종이 모여 살아요. 이 생물들은 복잡한 먹이 사슬을 이루며 생태계를 유지하고, 인간에게 각종 자원을 공급하며 지구 환경을 안정시켜요. 우리 인간도 생태계의 한 축을 이루고 있기에 생태계가 깨지면 인간에게도 나쁜 영향을 미치지요.

그래서 세계 곳곳에서 멸종위기에 처한 야생생물의 번식을 돕고 복원하는 작업을 하고 있어요. 생물종이 줄어드는 것을 막아 건강한 생태계를 회복하기 위한 작업이지요.

우리나라도 멸종위기종 복원 사업을 활발히 진행하고 있어요. 가장 대표적인 것이 2004년 지리산 국립공원에서 시작한 반달가슴곰 복원 사업이에요. 이때 6마리였던 반달가슴곰은 현재 60여 마리로 불어났고, 야생에서 스스로 새끼를 낳는 단계에 이르렀다고 해요. 2007년에 시작한 월악산 산양 복원 사업도 성과를 거둬 현재 100여 마리의 산양이 월악산을 뛰어다니고 있어요. 그 외에도 따오기, 여우, 소똥구리 등 여러 생물 종의 복원 사업이 이루어지고 있어요. 그러나 이런 사업보다 생물이 살아갈 수 있는 자연을 보호하고 잘 관리하여 생태계를 유지시켜 주는 노력이 앞서야겠지요?

산양

여우

멸종위기
야생생물
II

물속 토종 생태계 지킴이
물장군

외래종 황소개구리도
내 공격에는
꼼짝 못 한다고!

난 물속에 사는 장군이야. 왜 장군이냐고? 내 모습을 한번 봐. 생긴 것부터가 장군감이라니까. 일단 물속에 사는 곤충 중에서 가장 덩치가 커. 몸길이가 4.8~6.5cm 정도니까 눈에 확 띄지. 암컷은 수컷보다 1cm 정도 더 크단다.

크다고 다 장군감이냐고? 내 갈색 몸통에 달린 앞다리를 한번 봐! 낫처럼 생긴 크고 단단한 앞다리가 무시무시해 보이지? 이 앞다리는 먹이를 잡는 나만의 강력한 무기야. 수초 뒤에 가만히 기다리고 있다가 먹잇감이 지나갈 때 앞다리로 꽉 붙잡으면 절대 빠져나갈 수 없어. 그리고 뾰족한 주둥이를 먹잇감에 꽂고 소화액을 집어넣으면 먹잇감이 흐물흐물 녹아. 바로 그 액을 내가 빨아 먹는 거야. 내 먹잇감으로는 나처럼 물속에 사는 수서곤충도 있고, 올챙이나 작은 물고기도 있어. 또 나보다 덩치가 훨씬 큰 개구리나 오리 새끼, 물뱀도 공격해서 잡아먹을 수 있어. 그래서 날 물속의 암살자, 포식자, 폭군이라는 별명으로도 불러. 생태계를 교란시켜서 문제가 되는 외래종인 황소개구리도 내 공격에는 꼼짝을 못 해. 그러니까 앞으로는 무서운 별명보다 '토종 생태계 지킴이'라고 불러 주겠니?

그런데 내가 정말 무서워하는 게 있어. 바로 인간이야. 인간이 지나간 자리는 어김없이 환경이 파괴되거든. 제아무리 물속의 장군이라고 큰소리쳐도 오염되고 파괴된 환경에서는 버텨 낼 수가 없어. 물장군이 토종 생태계를 지킬 수 있도록 도와주지 않겠니?

새끼 사랑이 끔찍해!

물장군은 6~10월에 활동하면서 짝짓기를 하고 알을 낳아요. 암컷은 주로 물속에 사는 식물에 60~100개의 알을 낳아 붙여 놓지요. 그런데 이 알이 부화할 때까지 지키는 건 암컷이 아니라 수컷이에요. 수컷의 새끼 사랑은 둘째가라면 서러울 정도랍니다. 식물에 붙어 있는 알은 공기 중에 노출되어 마르기 쉬운데, 이때 수컷이 제 몸에 물을 묻혀 수분을 공급해 줍니다. 몸통으로 햇볕을 가려 그늘을 만들어 주기도 하고요. 또 물장군 암컷이 자기가 낳은 알을 먹어 치우려고 다가오면 온몸으로 알을 감싸서 보호해 주지요. 정말 새끼 사랑이 대단하죠? 이렇게 아빠의 보호 속에서 부화한 알은 40일 정도 자라서 어른이 되고, 수컷은 또다시 자기 새끼에게 사랑을 베푼답니다.

멸종위기
야생생물
II

소똥으로 경단을 빚는
애기뿔소똥구리

여기야, 여기!
똥 속에 내가 있어!

나는 애기뿔소똥구리야. 소똥구리과의 딱정벌레인데, '애기뿔'이란 이름처럼 몸집이 아주 작아. 몸 전체 길이가 1.3~1.9cm니까 사람 손톱만 해서 눈에 잘 띄지도 않아. 내 몸은 전체적으로 두껍고 굵은 공 모양이야. 몸 색깔은 까만데 반질반질 광택이 나. 그리고 딱지날개에 가늘게 세로로 홈이 파였어. 수컷과 암컷의 구별은 이마에 나 있는 상아 모양의 뿔을 보면 돼. 수컷은 뿔이 길고, 암컷은 뿔이 짧단다.
내가 제일 좋아하는 건 소나 말처럼 풀을 먹고 사는 가축의 똥이야. 왜 하필 더럽고 냄새나는 똥을 좋아하냐고? 이런, 쯧쯧. 너희가 똥의 참맛을 모르는구나? 얼마나 구수하고 맛있다고. 난 소똥이나 말똥 속에 굴을 파고 들어가 똥을 운반해 먹기도 하고, 똥을 데굴데굴 굴려 동글동글한 경단을 만들어. 경단은 먹기도 하고, 새끼를 낳을 집으로 사용한단다.
예전에는 나를 보기가 아주 쉬웠어. 농사짓는 곳이라면 곳곳에 소를 키웠고, 그 곁엔 항상 내가 있었지. 그런데 1970년대 이후로 식용이나 우유 생산을 목적으로 소를 목장에서 대량으로 키우고, 풀 대신 사료를 먹이면서 상황이 바뀌었어. 소가 사료를 먹고 싼 똥에는 섬유질이 부족해서 경단 만들기가 어렵더라고. 또 소를 키우면서 사용하는 항생제나 풀에 뿌린 살충제 같은 약품이 똥에 섞여 있어서 우리가 살기 힘들어졌지. 그래서 소나 말을 건강한 목초지에 풀어놓고 키우는 일부 지역에서만 나를 만날 수 있어. 아, 넓은 풀밭에서 소나 말이 철퍼덕 싼 구수한 똥이 그립다~.

애기뿔소똥구리는 생태계의 청소부

애기뿔소똥구리가 소나 말 같은 가축의 똥을 먹거나 경단을 만드는 건 생태계를 위해 아주 고맙고도 중요한 일이에요. 애기뿔소똥구리가 분해한 똥이 거름이 되어 땅을 비옥하게 만들어 주니까요. 이런 땅에서 자라는 식물은 매우 건강해요. 또 가축의 똥에서 나오는 탄소 즉 온실가스도 줄여 주고, 벌레도 쫓아 주고, 나쁜 세균을 억제하는 역할도 하지요. 그래서 애기뿔소똥구리를 '생태계의 청소부' 또는 '환경 지킴이'라고 불러요.

호주의 소똥구리 수입 프로젝트

호주는 전 세계적으로 축산업이 발달한 나라예요. 엄청나게 많은 소를 키워 수출하지요. 그러다 보니 큰 문제가 생겼어요. 대규모로 키우는 소만큼이나 대규모로 쏟아져 나오는 소똥 때문이에요. 목초지에 널린 소똥에 파리가 어마어마하게 몰려들었고, 가축에 질병을 옮기는 각종 벌레도 모여들었지요. 이 문제를 해결할 방법은 소똥을 분해할 소똥구리뿐이었지만, 호주에는 소똥구리가 없었어요. 결국 호주는 1965년 남아프리카와 유럽에서 소똥구리를 수입했고, 소똥구리의 맹활약으로 파리의 90%를 줄일 수 있었다고 해요.

소똥들아, 기다려! 우리 소똥구리가 한 방에 해결해 줄게~.

신사임당의 〈초충도〉에 등장하는 애기뿔소똥구리

신사임당은 조선 시대의 대표적인 여류 화가입니다. 대학자인 율곡 이이의 어머니이기도 하지요. 그녀는 풀과 벌레를 소재로 그림을 많이 그렸는데, 그중 여덟 폭의 병풍에 남긴 〈초충도〉라는 그림에서 애기뿔소똥구리를 만날 수 있어요. 붉은 맨드라미꽃 아래 세 마리의 애기뿔소똥구리가 자기 몸보다 훨씬 큰 똥 경단을 굴리는 모습이 무척 귀엽지 않나요? 지금은 멸종위기에 놓여 있지만 예전에는 이렇게 애기뿔소똥구리를 마당에서도 쉽게 볼 수 있었답니다.

비무장지대에는 어떤 곤충이 살까?

비무장지대에 사는 야생생물 중 가장 종수가 많은 생물은 곤충이랍니다. 나비, 딱정벌레, 메뚜기, 잠자리, 매미, 파리, 거미 등 무려 2,900여 종이나 되는 곤충이 서식하고 있어요. 그중에는 멸종위기종도 포함되어 있어 관심을 끌고 있어요. '왕은점표범나비'는 주황색 날개 전체에 흑색의 점무늬가 있어서 표범처럼 보이는 나비예요. 뒷날개 뒷면에는 은백색의 점무늬가 있고, 날개 가장자리에 M자 형태의 무늬가 뚜렷해서 무척 아름다워요. '노란잔산잠자리'는 몸길이가 7~8cm 정도 되는 대형 잠자리예요. 수컷과 짝짓기를 한 암컷이 배 끝으로 물을 치면서 물속에 알을 낳는 습성이 있답니다. '물방개'는 납작한 타원형의 그릇을 엎어 놓은 것처럼 생겼어요. 주로 작은 물고기나 개구리를 먹고 사는데, 다른 곤충과 달리 죽은 동물도 먹어요. 뒷다리로 헤엄을 치고, 밤에 불빛을 보면 날아드는 습성이 있지요. 이름이 특이한 '참호박뒤영벌'은 한국의 토종벌이에요. 꽃에서 꽃으로 꽃가루를 실어 나르며 꽃의 수분을 돕는 뒤영벌류 중에서 가장 큰 편이지요. 통통한 몸에 밝은 갈색 털이 뒤덮여 아주 귀엽답니다.

노란잔산잠자리

왕은점표범나비

물방개

멸종위기
야생생물
II

너무나도 아름다운
독미나리

조심해!
겉모습만 보고 판단하면
큰일 나!

한여름 늪이나 물가에 꽃을 피우고 있는 내 모습을 보면 사람들은 걸음을 멈추곤 해. 하얀 빛깔의 자디잔 꽃이 암술을 중심으로 우산을 활짝 편 것처럼 피어 있는 게 퍽 아름답거든. 초록색의 긴 잎사귀 사이에 핀 하얀 꽃과 작고 동글동글한 초록색 열매가 마치 곱게 수를 놓은 것 같지.

하지만 내 본모습을 알고 나면 깜짝 놀랄 거야. 이름에서 눈치챘겠지만, 난 아름다운 모습과 달리 사람의 몸에 해로운 독을 갖고 있거든. 줄기와 뿌리 부분에 들어 있는 노란색 액체 속에 사람의 중추신경계를 자극하는 독이 있어. 그래서 날 반찬으로 먹는 식용 미나리로 착각하고 먹으면 몸이 떨리고 발작 증상이 일어나게 돼. 속이 메스꺼워 울렁거리다 구토를 할 수도 있고, 심장이 빠르게 뛰며 호흡이 힘들어지기도 해.

그렇다고 날 무조건 피하지는 마. 독성이 있지만 훌륭한 약재로도 쓰이거든. 뿌리를 캐어 잘 말려서 바르면 골수염의 치료에 효과가 있고, 가래를 없애고 입과 눈이 한쪽으로 틀어지는 병을 치료하거나 생리통을 치료하는 데 쓰이기도 해. 물론 약재로 쓰인다고 해서 함부로 먹으면 안 돼. 반드시 의사의 처방에 따라야겠지?
그런데 날 보기가 참 힘들 거야. 내가 엄청 희귀한 식물이거든. 약재에 쓰인다고 사람들이 하도 많이 캐서 지금은 강원도 이북 지역의 습지와 전북 군산 백석제에서 만날 수 있단다.

독미나리와 식용 미나리, 어떻게 다를까?

독미나리와 식용 미나리는 비슷하게 생겼지만 잘 살펴보면 쉽게 구별할 수 있어요. 일단 독미나리는 식용 미나리보다 키가 커요. 평균 90~100cm 정도까지 자라지요. 또 독미나리에는 식용 미나리에서 나는 특유의 향이 나지 않아요. 대신 좋지 않은 냄새가 나죠. 향을 맡아 보면 아주 쉽게 알아챌 수 있어요. 그리고 독미나리는 뿌리가 죽순처럼 생기고, 잎사귀를 잘랐을 때 누른 즙이 나와요. 하지만 독미나리가 자라는 곳이 워낙 드물기 때문에 식용 미나리와 구별할 일은 거의 없어요. 그래도 알아 두면 좋겠죠?

멸종위기
야생생물
II

사람 몸에 좋아서 슬픈
가시오갈피나무

내 몸의 가시를 봐.
이름이랑
딱 맞지 뭐야!

내 이름에서 눈치챘겠지만 난
가시가 많은 오갈피나무야.
높이가 2~3m 되는 나무 전체에
바늘처럼 뾰족하고 가느다란
가시가 빽빽하게 돋아 있거든.
특히 잎자루에는 가시가 유독 많아서 만질 때
조심해야 해. 잎 모양도 평범하지는 않아. 잎끝은 뾰족하고 가장자리는
뾰족한 톱니가 있어서 날카로워 보여.
하지만 6~7월에 피는 꽃은 전혀 그렇지 않아. 기다란 꽃자루마다
핀 작은 꽃이 모여 둥그런 공의 형태를 만들어서 불면 날아갈 듯
살랑거린단다. 연한 보랏빛이 도는 노란색을 띠는 게
화려하진 않지만 볼수록 은은한 아름다움이 느껴지지.
열매도 동글동글 귀여워.
내가 잘 자라려면 조건이 꽤 까다로워.
높은 산 깊은 곳, 땅이 비옥하고 습기가
많은 지역에서만 자라. 강한 햇볕은
좋아하지 않아. 공기가 심각하게 오염된
곳에서도 자라지 못하고. 그래서 깊은 산속 계곡의
작은 개울 주변에서 자라. 장점이라면 추위에 강한 편이고,
햇볕이 약해도 잘 자란다는 점이야.

가시로도 지키지 못한 가시오갈피나무의 운명

예전에는 가시오갈피나무를 흔하게 볼 수 있었어요. 그러나 요즘은 강원도 이북 지역에서만 간간이 볼 수 있고, 멸종위기 야생생물 2급으로까지 지정되었어요. 이유가 뭘까요? 바로 사람들 몸에 좋은 성분을 많이 갖고 있기 때문이에요. 열매와 줄기는 물론 뿌리까지 약재로 쓰이니까요. 만성 피로, 노화 방지, 건망증, 불면증, 항암 등 두루두루 효과가 좋다고 해요. 그 약효가 고려 인삼에 버금갈 정도라고 하니 약재로서의 가치가 매우 높죠. 그러다 보니 사람들이 무분별하게 채취하면서 개체 수가 순식간에 줄어들었어요. 사람들의 건강이 중요한 만큼 식물의 생존도 지켜 준다면 얼마나 좋을까요?

가시오갈피나무와 오갈피나무의 차이

가시오갈피나무는 언뜻 보면 오갈피나무와 별 차이가 없어 보여요. 열매나 잎 모양이 비슷해서 같은 나무로 착각하기가 쉽지요. 그러나 조금만 눈여겨보면 차이점을 알 수 있어요. 첫째, 가시오갈피나무의 꽃은 연한 보랏빛이 도는 노란색을 띠며 꽃자루가 긴데, 오갈피나무의 꽃은 붉은색을 띠며 꽃자루가 짧아요. 둘째, 가시오갈피나무 잎은 잎 가장자리가 날카로운 톱니 모양인데 오갈피나무 잎은 잎 가장자리가 잔 톱니 모양이에요. 셋째, 가시오갈피나무는 길고 가느다란 가시가 촘촘하게 돋아 있는데 오갈피나무는 가시 없이 매끈해요. 넷째, 가시오갈피나무의 열매 자루는 긴데, 오갈피나무의 열매 자루는 짧아요.

그럼 가시오갈피나무와 오갈피나무의 공통점은 없을까요? 둘 다 피로 회복, 진통에 약효가 뛰어난 식물이자 약재로 쓰인다는 점이랍니다.

솔붓꽃

산작약

백부자

비무장지대에는 어떤 식물이 살까?

비무장지대에는 매우 다양한 식물이 살아요. 이 중에는 희귀종이나 멸종위기에 처해 있어서 적극적으로 보존해야 하는 것들이 많아요.

멸종위기 야생생물 2급인 '솔붓꽃'은 낮은 지대의 양지바른 곳에서 잘 자라요. 4~5월에 푸른빛을 띠는 연보라색의 꽃을 피우지요. 철사처럼 뻣뻣한 뿌리를 뭉쳐 솥을 닦는 솔로 이용해서 솔붓꽃이라는 이름이 붙었어요.

'단양쑥부쟁이'는 강변이나 냇가의 모래나 자갈로 이루어진 메마른 땅에서 무리를 지어 자라요. 언뜻 노란색의 암술을 몇 개의 꽃잎이 둘러싼 것 같지만 자세히 보면 수십 개의 작은 꽃이 모여서 하나의 송이를 이루는 국화과의 식물이에요.

'산작약'의 꽃은 붉은 꽃잎이 암술과 수술을 동그마니 감싼 모양이 황홀할 만큼 아름다워요. 게다가 이 꽃은 오전 11시 전후에만 꽃잎이 살짝 벌어진답니다.

'백부자'는 고깔을 쓴 듯한 꽃잎 속에 꽃보다 더 아름다운 수술이 숨겨져 있는 여러해살이풀이에요.

이처럼 비무장지대에 멸종위기 식물이 자랄 수 있는 것은 인간의 발길이 닿지 않기 때문이에요. 농약을 뿌리지도 않고, 채취하지도 않고, 습지를 흙으로 메우지도 않아 식물이 잘 자랄 수 있는 환경이 보존된 것이지요.

단양쑥부쟁이

야외에서 우연히 야생동물을 발견했다면?

우리는 친구 야생생물과 함께 살기

어디서든 야생동물을 발견했다면 절대 크게 소리를 질러서는 안 돼요. 막대기나 돌 등을 던져 위협해서도 안 돼요. 그런 행동에 동물이 흥분해서 사람을 공격할 수 있거든요. 이럴 때는 조용히 근처에 있는 시설물로 몸을 피하고, 동물이 떠나기를 기다리는 게 안전해요.

새끼를 발견했을 때는 모른 체 자리를 뜨도록 해요. 매정하다고요? 아니에요. 어미는 십중팔구 먹이를 구하러 갔을 텐데, 돌아왔을 때 사람이 있으면 위협을 느껴서 새끼한테 가까이 올 수가 없거든요. 그러나 새끼가 다쳤거나 아파 보인다면, 또 주변에 새끼를 위협하는 동물이 보인다면 야생동물 구조센터나 해당 지자체의 환경 담당 부서에 연락하도록 해요.

차를 타고 가다가 도로에서 야생동물을 만나면 운전하는 분에게 귀띔해 주세요. 속도를 줄이고, 경적을 울려 동물이 도로 밖으로 피할 수 있게 하라고요. 안타깝게도 갑자기 튀어나온 동물을 차로 치는 사고가 발생했거나 사고를 당한 동물을 발견했다면 얼른 차를 갓길로 옮겨야 해요. 그리고 안전 삼각대를 세워서 뒤에 오는 차량이 사고를 알 수 있도록 해요. 그런 다음 119나 야생동물 구조센터에 연락해서 구조 요청을 하면 된답니다.

멸종위기
야생생물
II

뜨거워지면 가장 먼저 사라질
가는동자꽃

활짝 핀 꽃이
한낮의 이글거리는
태양 같다고?

내 이름은 가는동자꽃이야. 동자꽃 중에서 잎이 가장 가늘어서 붙여진 이름이지. 키는 60~100cm 정도고, 7~8월 한여름에 분홍색의 꽃을 피워. 꽃 끝이 갈라져 있어서 활짝 핀 모양이 무척 독특하단다. 한낮의 이글거리는 태양을 닮은 듯도 하고, 가시가 삐죽삐죽 튀어나온 것 같기도 해.

나는 전 세계적으로 한반도와 일본에서만 자라는 꽃이야. 한국에서는 주로 강원도의 고산 지대에서 나를 만날 수 있어. 난 높은 산의 서늘한 곳 중에서 햇볕이 잘 들고 습기가 많은 땅에 살거든. 하지만 나는 멸종위기 야생생물 2급에 지정될 정도로 보기 드물어. 그래서 지난 2020년에 부산의 금정산 높은 지대에서 내가 발견되었을 때 사람들이 얼마나 반가워했는지 몰라.

그런데 어쩌지? 앞으로는 날 만나기가 훨씬 더 어려워질 것 같아. 지구의 온난화가 계속된다면 가장 먼저 없어질 식물 1위가 바로 나라지 뭐야? 이대로 기후가 점점 따뜻해지면 높은 산의 서늘한 습지가 사라질 테니 나도 자연히 사라질 수밖에 없겠지. 게다가 사람들이 산을 깎아 개발하면서 고산 지대가 줄어드는 것도 나를 사라지게 하는 이유 중 하나야.

이런 형편인데도 사람들은 날 보면 예쁘다고 뚝뚝 꺾어 가더라. 날 화병에 꽂아 두고 며칠 만에 시들어 가는 모습을 보기보다는 자연 속에서 더 많은 이들과 만나는 게 좋지 않겠니? 따뜻한 관심과 배려로 날 멸종위기에서 구해 주길 바랄게.

동자꽃에 전해지는
슬픈 전설

아주 오래전 강원도 산골짜기의 어느 암자에 스님과 어린 동자승이 살고 있었어요. 추운 겨울이 되자 스님이 식량을 마련하기 위해 마을로 내려갔어요. 동자승더러 금방 돌아올 테니 걱정 말고 기다리라는 당부를 하고요.

스님은 마을에서 식량을 구해 산으로 올라갈 채비를 했어요. 그런데 갑자기 폭설이 내려 발이 묶였지 뭐예요. 스님은 암자에서 자기만 기다릴 동자승을 생각하며 애를 태우다가 눈이 그치자마자 서둘러 산을 올랐어요. 그런데 반갑게 달려 나와야 할 동자승은 얼음이 되어 있었어요. 암자 밖에서 스님이 이제 오나 저제 오나 기다리다가 그만 얼어 죽은 거예요. 스님은 눈물을 흘리며 동자승을 양지바른 곳에 묻어 줬어요.

따뜻한 봄이 오고, 여름이 되자 동자승이 묻힌 곳에서 아름다운 꽃이 피어났어요. 마치 동자승의 넋이 꽃으로 다시 태어난 것처럼 말이에요. 스님은 이 꽃에 동자승의 넋이 서려 있다며 동자꽃이라는 이름을 지어 주었어요. 그래서일까요? 동자꽃의 꽃말은 '기다림'이랍니다.

우리는 친구 야생생물과 함께 살기

야생생물을 직접 만나 볼 수 있는 곳이 있을까요?

많지는 않지만 관심을 가지고 찾아보면 곳곳에 멸종위기종이나 야생생물을 만날 수 있는 곳들이 있어요. 소개된 곳을 찾아 야생생물에 대해 공부해 보고, 그들과 함께 살아갈 방법에 대해서도 고민해 봐요.

국립생태원 www.nie.re.kr

2013년에 문을 연 국립생태원은 충청남도 서천군에 있어요. 국립생태원에 가면 우리가 사진으로밖에 볼 수 없었던 희귀한 동식물을 만날 수 있답니다. 1,600여 종의 동식물을 지구의 5대 대표 기후인 열대관, 사막관, 지중해관, 온대관, 극지관으로 나누어 실제 자연에 가깝게 재현해 놨어요. 자연스럽게 야생생물의 생태 환경을 살펴볼 수 있지요. 금구리못과 용화실못이 있는 물가 주변에서는 습지 생태계도 볼 수 있고, 동식물 캐릭터로 만든 놀이 시설을 갖춘 놀이터도 빼놓을 수 없는 재밋거리랍니다.

서천군 조류생태전시관 www.seocheon.go.kr/bird.do

서천에서 국립생태원을 방문했다면 조류생태전시관도 잊지 말고 들러 봐요. 우리나라에서 철새가 가장 많이 오는 금강

하구의 생태계와 새에 관한 모든 것을 알 수 있는 곳이에요. 자연환경 해설사의 전문적인 안내를 받으며 서천을 찾아오는 철새를 탐조하고 습지를 여행할 수 있는 프로그램에 참여할 수도 있답니다.

창녕 우포늪 www.cng.go.kr/tour

경상남도 창녕군에 있는 우포늪은 총면적이 2,505m²나 되는 광활한 습지예요. 이곳에는 800여 종이나 되는 식물과 209종의 조류를 비롯해 수많은 야생생물이 서식해서 '생태계의 보고'라고 불려요. 그래서 천연기념물 제524호로 지정되었고, 생태·경관 보전 지역으로 지정되어 보호, 관리되고 있답니다. 가족과 함께 우포늪 주변을 거닐며 다양한 식물과 조류를 보는 것만으로도 좋은 경험이 되고, 생태체험학습 프로그램에 참여해 깊이 공부해 봐도 좋아요.

국립수목원 https://kna.forest.go.kr

경기도 광릉숲에 있는 국립수목원은 예전에 광릉수목원으로 불리던 곳이에요. 이곳은 조선의 7대 왕인 세조가 즐겨 찾던 사냥터였다가 세조가 죽어 능이 만들어지면서 500년이 넘도록 관리, 보호되고 있어요. 덕분에 우리나라의 다양한 산림 생물종이 잘 보존되고 있답니다. 국립수목원에는 946종의 식물과 3,932종의 곤충 등이 서식하고 있어서 우리나라의 식물 분포와 생태계를 연구할 수 있는 아주 중요한 곳이기도 해요. 그 일부가 시민에게 개방되고 있으니 꼭 한번 찾아가 푸르른 녹음을 느껴 보세요.

요렇게 색칠해 봐요!

사진 자료

국립생물자원관 시더스넷 호사비오리 50/이존국 남생이 58/국립생물자원관 남생이 58/도민석 구렁이 59/국립생물자원관 금개구리 59/김병직 흰수마자 64/최승호 어름치 64/최승호 금강모치 64/최승호 쉬리 64/김병직 꺽지 68/최승호 돌상어 70/김병직 연준모치 73/김병직 한둑중개 73/강홍구 애기뿔소똥구리 80/정광수 노란잔산잠자리 84/국립생물자원관 독미나리 88/동북아생물다양성연구소 가시오갈피나무 90/현진오 가시오갈피나무 92/현진오 오갈피나무 92/현진오 솔붓꽃 93/현진오 산작약 93/국립생물자원관 백부자 93/오현경 단양쑥부쟁이 93

국립생태원 산양 10/정진철 눈밭 수달 20/정진철 수리부엉이 50/장환진 맹꽁이 52/김수환 돌상어 72/사슴생태원 산양 74/이창우 가는동자꽃 96

강화군청 강화 갯벌 및 저어새 번식지 42

광교생태환경체험교육관 수원청개구리 59

국립중앙박물관 신사임당 〈초충도〉 83

연합뉴스 산양, 산양 똥 12/하늘다람쥐 30, 32/맹꽁이 54/표범장지뱀 59/여우 74/왕은점표범나비 84/가는동자꽃 98

위키미디어커먼스 Gaeho77 꾸구리 73/OpenCage 물장군 76/Ffish.asia 물장군 알 78/KENPEI 물방개 84

www.shutterstock.com

* 이 책에 쓰인 자료는 정해진 절차에 따라 저작권자의 허락을 받아 사용했습니다.
* 이 책은 저작권법에 따라 보호받는 저작물이므로 무단전재와 무단복제를 금합니다. 이 책의 전부 또는 일부를 이용하려면 반드시 저작권자와 파란자전거의 동의를 받아야 합니다.

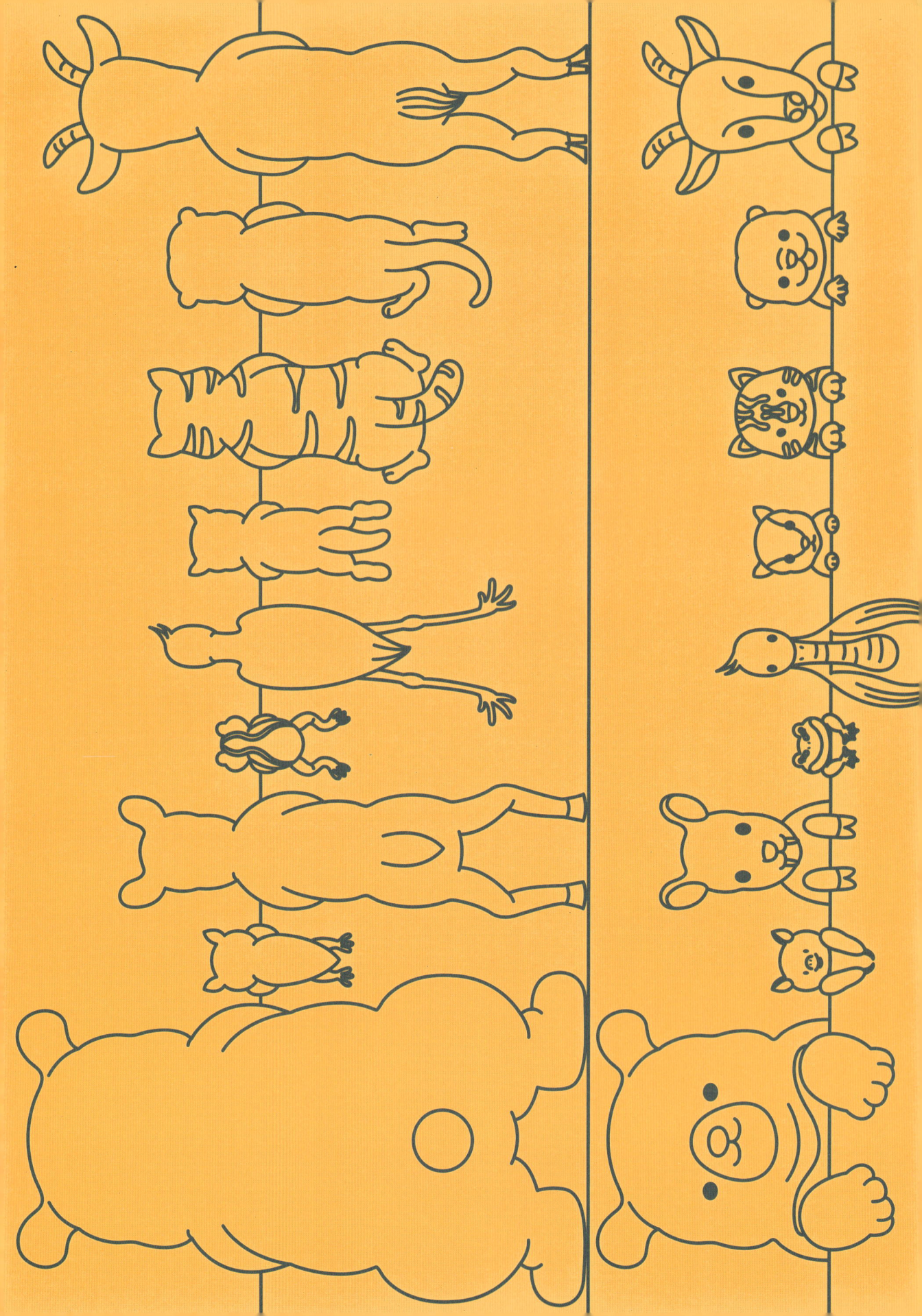